Gisela Hopfmüller | Franz Hlavac

111 Genüsse in Friaul und Julisch Venetien, die man probiert haben muss

emons:

Bibliografische Information der Deutschen Nationalbibliothek
Die Deutsche Nationalbibliothek verzeichnet diese Publikation in der Deutschen Nationalbibliografie; detaillierte bibliografische Daten sind im Internet über http://dnb.d-nb.de abrufbar.

MIX
Papier | Fördert gute Waldnutzung
FSC® C083411

Covergestaltung: Karolin Meinert
Lektorat: Julia Lorenzer
Gestaltung: Anja Sauerland, nach einem
Konzept von Lübbeke | Naumann | Thoben
Druck und Bindung: CPI – Clausen & Bosse, Leck
Printed in Germany 2024
ISBN 978-3-7408-2022-0

Vorwort

Es läuft einem das Wasser im Mund zusammen! Von den Bergen bis zum Meer – Friaul-Julisch Venetien, die nordöstlichste Region Italiens, ist nicht nur ihre Landschaft betreffend von reizvoller Vielfalt, auch die Kulinarik und die Enogastronomie überraschen mit eindrucksvoller Reichhaltigkeit. Wie spannend ist es, die Unterschiede zwischen dem Friaul (den Provinzen Udine und Pordenone) und Julisch Venetien (den Provinzen Gorizia und Triest) zu entdecken!

Einige der Genüsse haben Kultstatus, wie etwa der Rohschinken *Prosciutto crudo di San Daniele*, andere sind weitgehend unbekannt, zum Beispiel uralte Käsesorten wie der *Formadi Frant* oder der *Salato*. Sowohl die zahlreichen örtlichen Pro-Loco-Verbände, die im Land traditionelle Kulinarik und Kultur fördern, als auch die Slow-Food-Bewegung, die sich als Gegenmodell zum Fast Food um die Erhaltung selten gewordener Speisen und Produkte bemüht, haben da wichtige Rollen.

Der romanische, slawische und deutsche Kulturkreis überschneiden einander in der Region Friaul-Julisch Venetien – eine italienische Region entspricht etwa einem deutschen oder österreichischen Bundesland –, und das hinterlässt natürlich seine kulinarischen Spuren. Die Habsburgermonarchie, die Venezianer, die Slawen aus dem Osten, sie alle haben ihre eigene Küche mitgebracht. Vieles davon hat sich erhalten, teils in ganz traditioneller, teils in modernisierter Form, in jedem Fall überzeugend.

Die autochthonen, also heimischen Weine der Region – weiße wie rote, von *Friulano* bis *Piculit Neri* – sind oft wenig bekannt, obwohl es sich mehr als lohnt, sie zu kosten. Und so kann sich jeder auf ein Geschmacksabenteuer einlassen, im Land selbst die Gaumenfreuden probieren sowie viele Anregungen für das Genießen mit nach Hause nehmen. Es sind schließlich oft die erreichbaren kleinen Genüsse, die das Leben bereichern.

111 Genüsse

1 Blecs

Buchweizennudeln ohne feste Form

Wie in so vielen Fällen gilt auch hier: jede Familie hat ihre eigene Version der *Blecs*. Aber eine Besonderheit bleibt: Es wird Mehl aus Buchweizen verwendet, italienisch *grano saraceno*, friulanisch *pajan*. Gemischt mit Maismehl und Weizenmehl plus Eiern und Salz, entsteht ein Teig mit besonderem, etwas nussigem Geschmack. Buchweizen ist bekanntlich kein Getreide, sondern gehört zur Familie der Knöterichgewächse, botanisch Polygonaceae. Seine Samen verdienen den modernen Namen Superfood, denn sie sind besonders reich an Vitaminen, Mineralien und Eiweiß.

Früher galt Buchweizen im nördlichen Bergland als Armeleuteessen. Bis in die 1960er Jahre wurde die anspruchslose Pflanze im Friaul oft angebaut. Mit steigendem Wohlstand fand der *grano saraceno* weniger Beachtung, aber in den letzten Jahren sind wieder mehr Felder zu sehen, und der Buchweizen wird als gesunde Alternative zum Getreide wiederentdeckt.

Blecs sind eine Pasta ohne spezielle Form. Sie ähneln den *maltagliati*. So wie bei diesen wird der ausgerollte Teig entweder einfach mit den Händen zerrissen oder mit einem Messer oder einem Teigrad in unregelmäßige Stücke – viereckige oder dreieckige – zerschnitten. Es entstehen also Teigfetzen. Das Wort *Blecs* bezeichnet eigentlich Stoffstücke.

Die *Blecs* werden ein paar Minuten in Salzwasser gekocht. Inzwischen wird Butter zerlassen, und Maismehl sowie oft auch frischer Salbei werden darin geröstet, bis alles schön goldfarben ist. Damit werden die fertig gekochten *Blecs* vermischt. *Montasio stravecchio* wird darübergerieben. Jede Art von Fleischragout passt natürlich auch zu diesen Buchweizennudeln, etwa aus Rinderbacke und Gemüse, aufgegossen mit dem Rotwein Tazzelenghe. In den Provinzen Gorizia und Triest wird diese Nudelart »Biechi« genannt. Hier wird sie auch oft nur mit Weizenmehl gemacht. *Biechi con il gallo* bedeutet, dass ein Sugo mit einer Hühnerkeule versehen wird.

Zutaten für den *Blecs*-Teig (4 Pers.): 160 g Weizenmehl (Typ 00), 100 g Buchweizenmehl, 50 g Maismehl, 70 g Butter, 3 Eier, Salz; für den Sugo: 150 g Butter, 50 g Maismehl, eventuell 10 Salbeiblätter, 80 g Montasio stravecchio | Tipp Wer keine Lust hat, den Teig der *Blecs* selbst zu machen: Es gibt sie in Lebensmittelgeschäften auch fertig, erzeugt von Bio-Betrieben wie zum Beispiel Renzo Nadalutti in Reana del Rojale nördlich von Udine (www.nadalutti.com).

2 Chifeletti

Frittierter Kartoffelteig in Halbmond-Form

Raffaellas Antwort auf die Frage nach einer ihrer Lieblingsspezialitäten in der Gegend von Gorizia kommt prompt: *Chifeletti di patate.* Nicht nur, aber vor allem eine Triestiner Spezialität, eine der vielen kulinarischen Erbschaften aus der Zeit, als die Gegend zur Habsburgermonarchie gehörte. So leitet sich der Name vom österreichischen Kipfel (oder Kipferl) ab, das in Deutschland Hörnchen genannt wird. Das Kipferl wiederum hat seinen Ursprung in der Zeit der Türkenbelagerung Wiens im 17. Jahrhundert, als dieses gebogene Gebäck in Anlehnung an den türkischen Halbmond entstand.

Der Teig der *Chifeletti* ähnelt dem Gnocchi-Teig. Mehlige Kartoffeln werden gekocht, zerdrückt, mit Butter, Ei, Mehl und Salz gemischt. Nachdem der Teig mindestens eine halbe Stunde geruht hat, wird er zu schmalen Rollen geformt, diese werden in Stückchen geschnitten und die *Chifeletti* geformt. Sie werden in Öl frittiert, das macht sie außen knusprig, innen bleiben sie weich.

Serviert werden sie traditionell warm und mit etwas Salz bestreut als erste Hauptspeise, fallweise mit einem Sugo oder auch als Beilage zu Fleisch, Fisch oder Gemüse. So kommen sie in Restaurants von Gorizia und Triest oft auf den Tisch. Man findet sie aber genauso als Snack zum Aperitif. Die süße Variante, bei der die *Chifeletti* mit Zucker und Zimt bestreut werden, scheint etwas aus der Mode gekommen zu sein.

Weil gerade von mehligen Kartoffeln die Rede war: In Ribis (Reana del Rojale) und Godia, zwei nördlichen Vororten von Udine, werden Kartoffeln angebaut, die sehr mehlig sind. Sie haben den Vorteil, dass für die Zubereitung von *Chifeletti* oder Gnocchi weniger Mehl nötig ist als bei anderen Sorten. Das macht den Teig besonders locker und luftig. Übrigens: Im Norden, in den an Kärnten grenzenden Karnischen Alpen, heißen die Kartoffeln im friulanischen Dialekt *Cartufulis*, ein deutlicher Einfluss der deutschen Sprache.

Zutaten für *Chifeletti* (4 Pers.): 500 g mehlige Kartoffeln, 130 g Mehl (Typ 00), 1 Ei, 30 g Butter, Salz, Öl zum Frittieren | Tipp Ende August, Anfang September ist den Kartoffeln von Godia ein Fest gewidmet, die »Sagra delle Patate di Godia« (www.sagradigodia.it).

3 Cjalciune

Die Teigtaschen des Val Resia

Das Resiatal (Val Resia) zählt zu den urtümlichsten Gegenden des Friaul. Bei Resiutta führt es vom Canal del Ferro, der Verlängerung des Kanaltals (Val Canale), in Richtung Slowenien. Es ist eine Sprachinsel. Die Sprache der Bevölkerung hat sich aus dem Slawischen entwickelt. Dank der Abgeschlossenheit der Gegend ist viel von der darin wurzelnden Kultur noch immer erhalten. Nur etwas mehr als 1.000 Menschen leben heute noch im Val Resia und pflegen ihre Sprache, ihre Musik und ihre sehr spezielle Art des Tanzes. Und ihre eigene Art der Teigtaschen, die *Cjalciune*. Mit Leidenschaft und Routine zaubert Dorina sie in der Küche der Trattoria Alla Speranza im kleinen Ort San Giorgio di Resia.

Der Teig besteht hauptsächlich aus zerdrückten Kartoffeln, etwas weißem Mehl, Ei und Salz. Die Teigkreise mit der Fülle darauf werden nicht zu Halbkreisen geklappt wie bei den *Cjalsòns*, sondern von drei Seiten so zusammengebogen, dass sie ähnlich aussehen wie der Hut eines Priesters. Zerlassene Butter, Zimt und geriebener reifer Latteria-Käse kommen darüber. In früheren Zeiten ersetzten auch zu Mehl zerriebene Früchte des Johannisbrotbaums den raren Zimt.

In großen Mengen werden die *Cjalciune* gegessen, wenn der traditionelle Fasching des Resiatals gefeiert wird. Der heißt »Püst« und ist geprägt von schönen Masken, den *te lipe bile maškire* – weiß gekleideten Frauen mit Hüten voller bunter Krepp-Papierblumen –, und hässlichen Masken, den *babaci* oder *kukaci*, oft aus Maiskolben und Maisstroh gefertigt. Getanzt wird zu sehr spezieller Musik, die auf der Citira, einer Geige, und der Bünkula, einer Art Cello, gespielt wird und wie ein Dudelsack klingt. Dieser Fasching ist einen Besuch wert, besonders am Faschingssonntag und auch am Aschermittwoch. Da empfiehlt es sich allerdings, für den Genuss der *Cjalciune* in der Osteria Alla Speranza rechtzeitig einen Tisch zu reservieren.

Adresse Osteria Alla Speranza, Via Prato 3, 33010 San Giorgio, Tel. +39/0433/53057, E-Mail: osteriastorica@gmail.com | Zutaten *Cjalciune* (4–5 Pers.): 1 kg gekochte zerdrückte Kartoffeln, 250 g Mehl (Typ 00), 1 Ei, Salz; Fülle: 250 g gehackte Wildkräuter (oder Spinat), 1–2 Blätter vom Kren, 100 g Rosinen, das Eigelb von einem hartgekochten Ei, 50 g Maismehl, 50 g geriebener Latteria stravecchio, 1 Prise Zimt, 1 Prise Salz; zum Servieren darüber: zerlassene Butter, Salbei, eventuell Zimt, geriebener Latteria stravecchio

4__Cjalsòns

Teigtaschen in vielerlei Varianten

Ein Fixstern der karnischen Küche waren und sind die Teigtaschen – ähnlich den Ravioli. *Cjalsòns* oder *Cjarsòns* werden sie meist genannt, je nach Gegend und der jeweiligen Variante der friulanischen Sprache. Die Rezepte geben die Mütter an die Töchter weiter.

Der Teig wird entweder ganz einfach aus Mehl, Wasser und Salz oder aus Mischungen mit Kartoffeln, Mehl, Butter, Ei und Salz gemacht. Für die Fülle waren und sind der Phantasie der Köchinnen und Köche kaum Grenzen gesetzt. Allerdings: Ursprünglich wurde nie Fleisch verwendet, heutzutage dann doch immer wieder. Topfen, Kartoffeln, Käse, Kräuter, Spinat, Rosinen, Pinienkerne – das und mehr ist in vielerlei Mischungen möglich, was im Geschmack in Summe oft ein bisschen süß anmutet. Auch in der Größe variieren die Teigtaschen je nach Gegend. Der Teig wird ausgerollt, mit einem Glas werden Kreise ausgestochen, darauf kommt ein Löffel der Fülle, dann werden sie zu Halbkreisen geklappt und der Rand wird zusammengedrückt. Kurz in Salzwasser gekocht, bis sie aufschwimmen, bekommen sie dann am Teller eine Verfeinerung aus zerlassener Butter, Zimt oder Mohn und/oder geriebenem Käse beziehungsweise geriebenem *Ricotta affumicata* (geräuchertem Frischkäse) obendrauf.

Diese Teigtaschen stehen für das harte bäuerliche Leben, mit dem die Menschen der Bergregion Karniens in der Vergangenheit fertigwerden mussten. Doch auch unten in der Ebene waren sie durchaus gebräuchlich. Ein Teller *Cjalsòns* konnte schon zu einem *piatto di festa* werden, der etwa am Vorabend des Weihnachtstages oder des Ostersonntages gegessen wurde, da gab es ja traditionellerweise Fleischloses. Heute werden diese Teigtaschen bei umfangreicheren Menüs meist als *primo piatto* serviert, also als erster Gang zwischen Antipasti und Hauptspeise. Dass sie mit den Kasnudeln Verwandte im nahen Kärnten haben, ist nicht zu leugnen.

Adresse zum Beispiel Antica Osteria Stella d'Oro, Via Tolmezzo 6, Località Villa, 33020 Verzegnis (UD), www.facebook.com/Stelladoroverzegnis; Ristorante San Michele, Via Castello di Fagagna 33, 33034 Fagagna (UD), www.facebook.com/ristorantesanmichele | **Zutaten** Teig (4 Pers.): entweder 500 g Mehl (Typ 00), ¼ l kochendes Wasser, 2 EL Olivenöl, Salz oder 400 g Mehl, 4 Eier; Fülle: 300 g frischer Topfen/Quark, 100 g frischer Spinat (kurz gekocht und klein geschnitten), 20 g gehackte, angebratene Zwiebel, 80 g Rosinen, Kräuter nach Belieben, Salz

5 Gnocchi di susine

Süße Knödel gefüllt mit Pflaumen

Ein Junge ist erwachsen, sobald er mehr Knödel essen kann als sein Vater, so heißt es in mancher Familie in und um Triest und Gorizia. Wie so vieles in der Küche dieser Gegend sind auch die *Gnocchi di susine* in der Zeit der österreichisch-ungarischen Monarchie in die Region gekommen. Ursprünglich stammen diese Knödel aus Böhmen. Adelige und Beamte der kaiserlichen Verwaltung wollten aber auch im Süden nicht auf diese Köstlichkeit verzichten. Außerdem war im Grenzgebiet zu Slowenien der Pflaumenanbau durchaus verbreitet. Und so sind diese mit kleinen, runden Pflaumen oder auch Ringlotten/Mirabellen gefüllten Knödel bis heute geschätzte Vertreter nicht nur der Triestiner und Gorizianer Küche.

Das Rezept für die *Gnocchi di susine* ist schon im 19. Jahrhundert in verschiedenen Kochbüchern dokumentiert. Aus gekochten Kartoffeln, Mehl, Butter, Ei und etwas Salz wird ein Teig zubereitet. Die *susine* werden so aufgeschnitten, dass sich der Kern entfernen lässt (was bei kleinen Ringlotten/Mirabellen schwierig sein kann, dann hilft ein Kirschenentkerner). Außerhalb der Saison kommen auch gedörrte Pflaumen zum Einsatz. Die Fülle für die Früchte ergänzt deren säuerlichen Geschmack vortrefflich: In etwas zerlassener Butter werden Semmelbrösel kurz geröstet und dann mit etwas Zucker und Zimt vermischt. In jede Pflaume wird ein wenig davon gegeben, ehe sie mit dem Kartoffelteig umhüllt wird. Die Knödel werden in kochendes Wasser gelegt, bis sie aufschwimmen, mit einem Schaumlöffel herausgefischt und abgetropft. Vor dem Servieren werden sie mit in Butter gerösteten Semmelbröseln und/oder mit Zucker und Zimt, eventuell auch mit geriebenem Ricotta bestreut.

Die *Gnocchi di susine* bekommt man als Vorspeise, durchaus auch vor einem Braten als Hauptgang oder als Dessert. Zwetschgenknödel in Österreich werden dagegen oft als süße Hauptspeise gegessen.

Adresse zum Beispiel Osteria Hladik, Via Romana 33, 33018 Tarvisio (UD), www.facebook.com/Osteriahladik | **Zutaten** für circa 10 Gnocchi: 10 kleine Pflaumen oder Ringlotten/Mirabellen; für den Teig ½ kg Kartoffeln, 1 Eidotter, 150 g Mehl, 15 g Butter, etwas Salz; für die Fülle 30 g Butter, 30 g Semmelbrösel, 35 g Zucker, ½ Teelöffel Zimt; zum Servieren als Vorspeise mit 80 g Butter, 1 EL Semmelbrösel oder geriebenen *Ricotta affumicata*, als Dessert zusätzlich zu den Semmelbröseln 2 EL Zucker vermischt mit ½ Teelöffel Zimt

6__Grissini

Geschmackvolle Brotteigstangen auf Friulanisch

Als ob es ein Wettstreit wäre: Viele Bäcker in Friaul-Julisch Venetien legen ihren Ehrgeiz in die Herstellung besonders guter Grissini. Verständlich, angesichts der vielen industriellen Produkte, deren Geschmack gegen null geht. Und verständlich in einer Region mit so köstlichem *prosciutto crudo*, der sich um diese Brotteigstangen wickeln lässt.

Natürlich sind die Grissini keine typischen Erzeugnisse dieser Region. Sie stammen aus Turin, wo im 17. Jahrhundert ein Bäcker am königlichen Hof *ghërsa*, langes Brot, erfunden haben soll. Längst sind Grissini zum kulinarischen Allgemeingut in Italien geworden. Aber dort, wo ambitionierte Bäcker am Werk sind, geraten sie zu etwas Besonderem.

Das ist der Fall im Ort Resiutta, wo das Resiatal auf das Eisental (Canal del Ferro) trifft. Die kleine Bäckerei Le Delizie di Resia hat sich mit ihren Grissini einen Namen gemacht. Seit 1954 werden hier aus Weizenmehl, Hefe, Salz und Quellwasser Teigbällchen erzeugt und aus diesen die Grissini per Hand gezogen. Ursprünglich sorgte die Familie Fabris-Franceschina für beste Qualität, seit 2013 tut das Sabrina Sorgon. Pro Tag entstehen etwa 100 Kilogramm handgemachter Grissini. Eine besondere Variante wird im Resiatal hergestellt: In der Bäckerei von Renzo Pugnetti in San Giorgio di Resia werden Grissini mit dem speziellen Knoblauch Aglio di Resia gewürzt. Die ganze Gegend ist ein Grissini-Hotspot, denn im nahen Moggio Udinese werden im Grissinificio von Vinicio Petris knusprige *Grissini friabili* aus Maismehl gefertigt.

Auch in der Ebene sind bemerkenswerte Varianten zu finden, zum Beispiel im Panificio Orso in Aiello del Friuli nahe Palmanova, bekannt als Dorf der Sonnenuhren. Dort führt Massimiliano Orso die traditionsreiche Bäckerei seiner Eltern mit verschiedenen Grissini-Sorten (die klassische ist nach Vater Nico benannt) und anderen feinen Back- und Konditoreiwaren zu neuen Höhenflügen.

Adresse Panificio Le Delizie di Resia, Via Roma 11, 33010 Resiutta (UD), www.ledeliziediresia.it; Panificio Pugnetti, Via alla Chiesa, 33010 Resia (UD); Grissinificio Petris Vinicio, Via Trentino 2/B, 33015 Moggio Udinese (UD), www.panificiopetrismoggio.eu; Panificio Pasticceria Orso, Piazza Roma 19, 33041 Aiello del Friuli (UD), www.facebook.com/orsobakery1962

7 Pan di Sorc

Das würzige, süße Maisbrot

Manche nennen es den Panettone Friauls, weil das geschmackvolle Gewürzbrot *Pan di Sorc* früher in der Gegend rund um Gemona del Friuli zur Weihnachtszeit gebacken wurde. Es heißt, das sei auch zu Ehren jener Männer geschehen, die mangels Arbeitsmöglichkeiten im Friaul im Ausland ihr Geld verdienten und nur zu den Festtagen nach Hause kamen. Viele dieser Männer arbeiteten in Deutschland, also ist es auch möglich, dass sie unter dem Eindruck der dortigen Weihnachtsstollen den Brauch des Pan-di-Sorc-Backens entstehen ließen. Nicht nur um sie selbst in den Familien zu essen, sondern auch um sie Freunden und Verwandten zu schenken, wurden diese kleinen, runden Brotlaibe gebacken. Ab den 1960er Jahren gerieten sie fast in Vergessenheit, doch durch die Initiative der Vereinigung Ecomuseo delle Acque und als Presidio-Projekt der Slow-Food-Bewegung erwachte das *Pan di Sorc* (*sorc* heißt auf Friulanisch Mais) zu neuem Leben.

Es wird inzwischen rund ums Jahr aus Roggen, Weizen und vor allem einem speziellen Mais gebacken, der »Cinquantino« heißt, abgeleitet vom Wort *cinquanta*, italienisch für »fünfzig«. Das bedeutet, dieser Mais reift in nur 50 Tagen. Das ermöglichte eine zweite Ernte, einst ein wichtiger Faktor in einer bäuerlichen Gegend mit wechselhaftem Bergklima. Gewürzt wurde mit getrockneten Feigen, Rosinen und Samen des Wilden Fenchels. Aber es gibt auch *Pan di Sorc* ohne die süßen Zutaten. Der würzige Geschmack und die erstaunliche Haltbarkeit sind typisch für dieses Brot.

Heute ist das *Pan di Sorc* auch außerhalb friulanischer Familien zu bekommen, aber meist nur auf Vorbestellung. Da genügt etwa ein Anruf bei der Bäckerei Forno Arcano im Ort Rive D'Arcano, wo Signora Ada und ihre beiden Söhne Martin und Jonathan die Backkunst pflegen (übrigens auch mit vielen anderen friulanischen Spezialitäten). Jedes *Pan di Sorc* ist mit einem Namensschild aus einer kleinen Oblatenscheibe versehen.

Adresse Associazione Produttori »Pan di Sorc«/Comunità Slow Food del Presìdio, Largo Beorcje 12, 33013 Gemona del Friuli (UD), www.pandisorc.it; Forno Arcano, Via del Cristo 8, 33030 Rive D'Arcano (UD), www.fornoarcano.it

8 Panade

Brotsuppe – viel mehr als ein Armeleuteessen

Kein Lebensmittel wird weggeworfen! Was heute erfreulicherweise wieder ins Bewusstsein rückt, war in früheren Zeiten selbstverständlich, besonders in wenig begüterten friulanischen Bauernfamilien, in den Bergen genauso wie in der Ebene. Also wurde natürlich auch hart gewordenes Brot verwertet, und zwar auf eine durchaus ansprechende Weise: Es wurde *Panade* (auch *Panadòt*) gekocht. Diese Brotsuppe ist ein typisches Gericht der *cucina povera*, der »Armenküche«, und ganz schnell herzustellen. Beliebt vor allem, wenn es draußen kalt ist, in den Bergen Schnee liegt oder in Triest die eisige Bora bläst.

Altbackenes Brot wird in Stücke geschnitten, in einem Topf mit Wasser bedeckt, gesalzen und mit Fenchelsamen und/oder einem Lorbeerblatt gewürzt. Diese Mischung kocht dann etwa 15 Minuten auf kleiner Flamme, bis das Brot sich aufgelöst hat und eine dicke, cremige Masse entstanden ist. Dann werden etwas Butter, Pfeffer und geriebener Käse dazugegeben, am besten *Montasio Stagionato*, der in seiner Reife-Konsistenz dem Parmesan ähnelt. Jetzt wird das Ganze noch einmal etwa fünf Minuten gekocht – fertig! Am Teller kommt eventuell noch etwas *Montasio Stagionato* darüber. Die *Panade* wird ganz heiß serviert. Da diese Brotsuppe nicht nur rasch sättigt und sehr gut verträglich ist, wurde sie in der Vergangenheit gern auch Kindern, Kranken und Alten serviert.

Was einst ein Armeleuteessen war, hat inzwischen als Spezialität in Trattorien und Restaurants Einzug gehalten. Und auch in privaten Haushalten wird die *Panade* wiederentdeckt. Dabei sind natürlich Varianten des ursprünglichen Rezeptes entstanden, zum Beispiel das Brot statt in Wasser in klarer Suppe zu kochen oder auch kleine Kartoffelstückchen dazuzugeben. Oder, wenn die *Panade* im Teller ist, in die Mitte noch ein Eigelb zu positionieren und etwas Olivenöl hineinzuträufeln, ehe der *Montasio* darübergerieben wird.

Zutaten *Panade* (4 Pers.): 400 g altbackenes Brot, 200 g gereifter Montasio Stagionato, 60 g Butter, 1 EL grobes Salz, 1 TL Fenchelsamen, 1 Lorbeerblatt, schwarzer Pfeffer (am besten frisch gemahlen)

9__ Strucolo

Gekochter Strudel mit Ricotta-Fülle

Es ist kein Geheimnis, dass das Rezept für den Blätterteig-Apfelstrudel zu Kaisers Zeiten aus Wien nach Triest und Gorizia gewandert ist und dort nun zur Küchentradition gehört. Doch der gekochte Strudel, der *Strucolo,* ist etwas ganz anderes. Der hat seine Wurzeln in Gorizia und Slowenien. Dort wurde in den Nudelteig aus Weizenmehl, lauwarmem Wasser, Olivenöl und etwas Salz ursprünglich eine süße Fülle aus Früchten, Nüssen, Rosinen und Pinienkernen eingerollt, und die Scheiben hat man nach dem Kochen am Teller mit Butter und Zimt bestreut.

Diese Art gibt es nach wie vor, aber es hat sich in Gorizia, Triest und im Karst auch der *Strucolo salato*, also der gesalzene *Strucolo*, verbreitet. Bei ihm besteht die Fülle meist aus Ricotta (Frischkäse) und geriebenem Käse, Ei, Salz und Pfeffer, oft auch vermischt mit gekochtem, grob gehacktem Spinat. Fallweise trifft man auch auf eine Fülle mit faschiertem Kalbfleisch. Serviert wird der *Strucolo* als *primo piatto*, also als erster Gang.

Genau genommen heißt diese Speise ja *Strucolo in straza*, was auf den Kochvorgang hinweist. Der gefüllte Strudel wird dazu – nachdem man die Teigenden zusammengedrückt hat – in eine *straza*, ein Küchentuch aus Baumwolle oder Leinen, eingewickelt, das an beiden Enden fest mit Küchenschnur zugebunden wird (was auch funktioniert, wenn man ihn in Backpapier fest einrollt). So darf er nun im Wasser etwa eine halbe Stunde auf kleiner Flamme köcheln. Danach rastet er ein paar Minuten im Küchentuch. In etwa eineinhalb Zentimeter dicke Scheiben geschnitten, kommt er dann auf den Teller und wird mit zerlassener Butter und geräuchertem Ricotta bestreut.

Die Gorizianerin Leonora legt Wert auf folgenden Hinweis: Wer verhindern möchte, dass möglicherweise der Waschpulverduft des Küchentuches auf den *Strucolo* übergeht, der spült das Tuch vor der Verwendung in heißem Wasser mit etwas Bicarbonat durch.

Zutaten Teig (4 Pers.): 200 g Mehl (Typ 00), 80 ml warmes Wasser, 1 EL Öl, etwas Salz; Fülle: 250 g Ricotta, 100 g geriebener Montasio-Käse, 1 Ei, eventuell 300 g gekochter, grob gehackter Spinat, Salz, Pfeffer

10_Agnello & Pecora

In großen und kleinen Herden – Lamm und Schaf

Wer im Winter oder Frühjahr durchs Land fährt, kann auf riesige Schafherden treffen, die gemächlich die Straße queren. Der Verkehr muss warten. Viele hundert Schafe von verschiedenen Besitzern, ein paar Esel und Ziegen, etliche Hunde und die Hirten ziehen über die Ebene. Genehmigte Weideplätze finden sie in den Schotterbetten und am Ufer der Flüsse, auf Wiesen und in kleinen Wäldern. Im Sommer wandern diese Herden dann hinauf in die Berge.

Seit jeher war das Schaf ein wichtiges Nutztier: Das Fleisch, die Milch, die Wolle, das Leder – für die Bauern war und ist alles wichtig. Zum Osterfest gehört traditionsgemäß das *agnello*, das Lamm, meist als Braten. Aber auch zu anderen Jahreszeiten steht es in diversen Varianten auf den Speisekarten, zum Beispiel als Lammkotelett. Das wird mindestens eine Stunde in eine Marinade aus Olivenöl, Zitronensaft und gehackten Kräutern gelegt und dann in einer Pfanne scharf auf beiden Seiten je etwa zwei Minuten angebraten. Vom Feuer genommen und zugedeckt, soll das Fleisch etwa zehn Minuten ziehen. In zahlreichen Restaurants und Trattorien, wo es noch einen Fogolar gibt – so heißt auf Friulanisch die offene Feuerstelle, die früher das Zentrum des Bauernhauses war –, werden die Koteletts auf einen Rost über die Glut gelegt, ehe sie zart und saftig auf den Tellern der Gäste landen.

Eine Besonderheit ist das Schaf *pecora carsolina* (auch *pecora istriana* genannt), eine einst im italienischen und slowenischen Karst sowie in Istrien verbreitete, heute vom Aussterben bedrohte Schafrasse mit hellem Fell und schwarzen Flecken an Kopf, Beinen und Schwanz. Von der Fattoria Antonič in Ceroglie im Herzen des Triestiner Karsts werden diese Schafe, geschützt als Presidio-Slow-Food-Projekt, wieder gezüchtet. Das Fleisch wird zu Salami und anderen Würsten verarbeitet, aber vor allem wird aus der Milch wohlschmeckender, sehr würziger Schafskäse erzeugt, der Karst-Pecorino.

Adresse Fattoria Antonič/Fattoria Didattica Asino Berto, Località Ceroglie, 34011 Duino Aurisina, www.asinoberto.it | Tipp In Triest werden Lammfleischstücke gern mit Zwiebel, Karotte, Pfeffer, Thymian, Lorbeer, etwas Essig und klarer Suppe gekocht und mit frischem Kren serviert.

11__Bollito

Gekochtes Fleisch für besonders Hungrige

»Das Fleisch muss im Mund mit einer Geschmacksexplosion zerfallen, dann ist der Bollito richtig«, sagt der Triestiner Giuseppe und blickt zufrieden auf seinen Teller. Dieser *Bollito* ist sicher richtig, schließlich wird der Teller im Buffet da Pepi serviert. Was in Triest »Buffet« genannt wird, ist eine Art Osteria, die ursprünglich Hafenarbeiter mit Deftigem sättigte, also vor allem mit Fleisch nach altösterreichischer Tradition. Die Buffets haben in Triest Kultstatus wie die Kaffeehäuser. Und das da Pepi, 1903 von Pepi Klajnsic gegründet, ist das berühmteste unter ihnen, in dem alles für den *Bollito* Nötige stets in großen Mengen und bester Qualität auf die Kunden wartet.

Der *Bollito triestino* (*bollito* heißt gekocht) besteht aus gekochtem und geselchtem Schweinefleisch von Schinken bis Stelze, Bauchspeck, aber auch Rinderzunge sowie Wiener und Krainer Würsten (benannt nach der slowenischen Stadt Kranj). Das Fleisch wird in einem großen Kessel, dem *calderone*, in Wasser gekocht. Das offene Geheimnis dabei ist: Das Gemisch wird lang und gleichmäßig gegart, knapp unter dem Siedepunkt, das macht auch weniger zartes Fleischgewebe weich. In der Schlussphase werden noch die Würste mit in den Kessel befördert. Auf den Teller kommen dann Sauerkraut (am besten in Fleischsud gegart) und Stücke von den verschiedenen Fleischvarianten. Unerlässlich dazu sind der geriebene Kren und der Senf. Fallweise werden auch *Patate in tecia* ergänzend als Beilage gegessen, also Kartoffeln, die erst gekocht und dann mit Zwiebeln und Speck gebraten werden. Für den kleineren Hunger gibt es auch die Variante *Panino con la porcina*, da wird Bollito-Fleisch in ein Brötchen gefüllt.

Interessant ist auch, dass der *Bollito* im Friaul im Unterschied zum *Bollito triestino* Julisch Venetiens nicht hauptsächlich aus Schweinefleisch besteht, sondern auch Rind-, Kalb- und Geflügelfleisch verwendet wird.

Adresse Buffet da Pepi, Via della Cassa di Risparmio 3, 34121 Triest, www.buffetdapepi.it; Buffet Siora Rosa, Piazza Attilio Hortis 3, 34123 Triest, www.buffetsiorarosa.it; Buffet L'Approdo, Via Giosuè Carducci 34, 34121 Triest, www.facebook.com/buffetapprodo

12 Coniglio & Lepre

Gezüchtetes Kaninchen und wilder Feldhase

Ein paar Schritte am Rand des Weingartens entlang – dann erschrecken gleich zwei Lebewesen: der Mensch, weil ein Feldhase direkt vor ihm aus dem hohen Gras springt, und der Hase, weil er in seinem Versteck gestört wurde. Denn draußen am Feld sind Jäger unterwegs, wie jeden Herbst, im Bemühen, den Speiseplan zu erweitern. Signora Mercedes erzählt, wie ihr Großvater auf die Jagd ging und wie die Großmutter den *Lepre in salmi*, den Feldhasen in Soße, köstlich zuzubereiten wusste. Da wurden die Fleischstücke mit Gemüse, Zwiebeln, Knoblauch Lorbeerblatt, Nelken und Wacholder in einem Topf mit Wein bedeckt und einen Tag im Kühlschrank mariniert. Danach wurden die Hasenteile mit Speck in Öl angebraten, gesalzen, gepfeffert, die Marinade wieder dazugefügt, und dann köchelte das Ganze etwa zwei Stunden.

Das Fleisch des *coniglio*, des Kaninchens, ist zarter und rascher zuzubereiten als das der Feldhasen. Es ist mager mit viel Omega-3-Fettsäuren. Auf dem Land gehörten Kaninchen besonders nach dem Krieg als billige Fleischlieferanten oft zum Haushalt. Regelmäßig waren Kinder traurig, wenn plötzlich ein Kaninchen fehlte, aber aus der Küche Bratenduft drang. Derlei Kinderschmerz ist heutzutage leicht vermeidbar, denn die Liste der professionellen Kaninchenzüchter ist lang. Bei ihnen wird das Fleisch meist fertig zum Kochen vorbereitet. Da gibt sich etwa Francesca Campetti viel Mühe, die mit ihrem Mann Flavio Mazzolini in Villa Santina westlich von Tolmezzo eine Kaninchenzucht betreibt. Ob Braten oder Medaillons, Schulter oder Haxen, ganzes Kaninchen oder entbeint – die Auswahl ist groß. Geschlachtet werden die Tiere im Alter von 85 bis 90 Tagen. Francescas Medaillons, vorbereitet auch mit *prosciutto* und Gemüse, zergehen förmlich auf der Zunge, wenn sie auf jeder Seite etwa zwei Minuten gebraten werden und dann noch etwa 20 Minuten bei mittlerer Hitze zugedeckt ins Backrohr dürfen.

Adresse Azienda Agricola Mazzolini Flavio e Campetti Francesca, Via Calvi 1, Frazione Invillina, 33029 Villa Santina (UD) | Zutaten für *Lepre in salmi* (4–6 Pers.): 2 kg Fleisch in großen Stücken, 150 g Speck, 2 Karotten, 1 Stangensellerie, 1 Zwiebel (alles würfelig geschnitten), 1 Knoblauchzehe, 6 Gewürznelken, 15 Wacholderbeeren, 2 Lorbeer- und 4 Salbeiblätter, 1 Rosmarinstängel, Olivenöl, 2 l Rotwein, Salz, Pfeffer

13_Goulash

Von Ungarn nach Triest – das Gulasch

Wenn die ungarischen Hirten, die mit ihren Rindern als Nomaden über die Ebenen zogen, geahnt hätten, dass ihr Leibgericht einmal als Triestiner Spezialität gelten würde! Für sie, die Gulyás genannt wurden, war das *Goulash* etwas, das sich auf ihren langen Wanderungen gut konservieren ließ, auch indem sie es in der Sonne trockneten und bei Bedarf wieder aufkochten. Im Triestiner Schmelztiegel, geprägt von Österreichern, Slowenen, Ungarn, Böhmen, Juden, Serben und vielen anderen, wurde das Gulasch eines der kulinarischen Beispiele des Vielvölker-Konglomerats. Manches wurde so begeistert eingebürgert, dass es heute als Triestiner Speise gilt.

Das Gulasch ist eines der markantesten Beispiele dafür. Heute *Goulash* oder *Gulash* genannt, findet sich dieses Gericht schon 1927 in dem Buch »La Cucina Triestina« von Maria Stelvio. Das *Goulash triestino* ist nach wie vor sehr beliebt: In Würfel geschnittenes Rindfleisch, Zwiebeln, viel süßes und ein wenig scharfes Paprikapulver, Rotwein, Olivenöl, Rosmarin, Thymian und Lorbeer, klare Suppe, Salz und Pfeffer – so weit, so einfach. Die Küchengeheimnisse sind auch nicht kompliziert: Immer gleich viel Fleisch wie Zwiebel anbraten, dann vermengt mit den anderen Zutaten auf kleiner Flamme mindestens zwei Stunden lang kochen. Und: Es schmeckt bekanntlich noch besser, wenn es am Vortag zubereitet und vor dem Servieren erneut aufgekocht wird. Als Beilage gibt es in Triest meist Polenta, oder es wird mit Gnocchi gemischt.

Das Paprikapulver verwendete man in Ungarn ursprünglich gar nicht. Es wurde dem Rezept erst Ende des 19. Jahrhunderts hinzugefügt, als sich das Gericht in den umliegenden Ländern auszubreiten begann. Weil nun aber Triest seit dem Ende der Monarchie 1918 immer italienischer wurde, werden für das *Goulash triestino* in modernen Rezepten auch passierte Tomaten und/oder zumindest etwas Tomatenmark verwendet.

Adresse Trattoria da Giovanni, Via San Lazzaro 14/B, 34122 Triest, www.trattoriadagiovanni.com; Trattoria Le Botti, Via Torino 15, 34123 Triest, Tel. +39/040/2601464 | **Zutaten** für 4 Pers.: 1 kg Rindfleisch in Würfel geschnitten, 1 kg Zwiebeln grob gehackt, 2 EL süßes und etwas scharfes Paprikapulver, ⅛ l Rotwein, eventuell 1 EL Tomatenmark, 2 EL Öl, ein Büschel mit Rosmarin, Thymian und Lorbeer, nach Bedarf klare Suppe zum Aufgießen, Salz, Pfeffer

14_Oca

Delikatessen von der Gans

Auch wenn die Sache mit den kapitolinischen Gänsen und ihrem vor Gefahr warnenden Gezeter im antiken Rom spielt, *la oca*, die Gans, hat in Friaul-Julisch Venetien ebenfalls eine wichtige Rolle – kulinarisch allerdings! Die graue Friulanische Gans ist sogar eine eigene Art, die der wilden Graugans ähnelt. Aber auch ihre weißen Schwestern haben in der Region eine lange Geschichte, weil sie den Speiseplan der Familien stets bereicherten. Nach 120 Tagen erreichen solche Hausgänse schließlich ein Gewicht von bis zu sieben Kilogramm!

Die beliebte *Salame d'oca*, die Gänse-Salami, stammt wohl aus Venedig, wo sie von der jüdischen Gemeinde hergestellt wurde – als Alternative zur Wurst aus verbotenem Schweinefleisch. Nachweislich schätzte man sie auch in den jüdischen Gemeinden von Triest und San Daniele. Außerhalb dieser Glaubensgemeinschaft kam für die Gänse-Salami oft eine Mischung aus Gänse- und Schweinefleisch zum Einsatz. Das ist bis heute so.

Wer in der kleinen Gemeinde Morsano al Tagliamento Mitte August oder auch Ende November/Anfang Dezember eine »Festa dell'Oca« besucht, kann vieles probieren, was an Gänse-Produkten beliebt ist: den *Prosciutto crudo d'oca*, also den Rohschinken aus der Gänsekeule, der wie der Schweineschinken schon vor mehr als 500 Jahren in San Daniele erzeugt wurde, den *Cotto d'oca*, den gekochten Gänseschinken, *Petto d'oca*, die geräucherte Gänsebrust, *Speck d'oca*, den Gänse-Speck. Und natürlich Gänsebraten und Gänseragout nicht zu vergessen.

Der Betrieb Jolanda de Colò in Palmanova wurde 1976 als kleine Gänsezucht und -verarbeitung gegründet. Heute ist er ein Zentrum der Verarbeitung von Fleisch, das meist von in Ungarn gezüchteten Gänsen stammt. Aber auch viele andere Fleisch-, Fisch- und Milchprodukte werden hergestellt. Freunde von Gänseleber und -terrinen kommen hier auf ihre Kosten. Verkauft wird allerdings ausschließlich online.

Adresse Pro Loco Morsano al Tagliamento, Via Feletti 2, 33075 Morsano al Tagliamento (PN), www.facebook.com/prolocomorsano; Jolanda de Colò, Via I Maggio 21, 33057 Palmanova (UD), www.jolandadecolo.it | Tipp Während der »Gänse-Saison« im November und Dezember sind gute Produkte auch immer wieder in COOP-Supermärkten zu finden.

15 Pestât

Traditionsreiche Würze aus Speck und Gemüse

Wenn einst im Winter bei den Bauern Schweine geschlachtet wurden, gab es mancherlei Möglichkeit, das Fleisch haltbar zu machen, nicht nur in Form von Prosciutto oder den üblichen Würsten. Im Ort Fagagna, in den Hügeln zwischen Bergen und Ebene, ist der *Pestât* so eine Rezeptur. Er besteht aus Speck, der mit Gemüse vermischt wird, schließlich gilt es ja auch, die Gartenprodukte möglichst lange nutzen zu können. Karotten, Stangensellerie, Zwiebeln, Salbei, Rosmarin und Petersilie werden ebenso fein faschiert wie der Speck. Die Mischung wird gesalzen und gepfeffert und wie eine Wurst in einen Darm gestopft. Jetzt muss der *Pestât* in einem kühlen Keller reifen. Speck, Salz und Pfeffer sorgen dafür, dass das enthaltene Gemüse nicht zu fermentieren beginnt. Beim Trocknen mischen sich die Aromen, nach ein paar Wochen kann der *Pestât* verwendet werden. Seinen optimalen Geschmack erreicht er nach etwa einem Jahr der Reifung.

Der Fleischer Mario Lizzi ist seit Jahrzehnten berühmt dafür, die Tradition des *Pestât* zu pflegen. »Er wird als Würze für Braten, Gemüsesuppen, auch in der Pfanne für Gemüse oder Kartoffeln benutzt. Eine Scheibe davon anbraten oder dazumischen, mit der Hitze löst sie sich auf und der feine Geschmack aromatisiert alles«, erklärt Lizzi. Aber auch als Brotaufstrich dient der *Pestât*. Damit er nicht in Vergessenheit gerät, ist er inzwischen ein per »Presidio Slow Food« geschütztes Produkt.

Mario Lizzi widmet in seiner Fleischerei mitten in Fagagna seine Aufmerksamkeit aber auch einem dem *Pestât* verwandten Erzeugnis: der *Pestadice*. Die ähnelt einer fein faschierten Salami, ist aber noch mit Speckstückchen angereichert. »*Pestadice* in eine Frittata (ein Omelett) gemischt, das macht gleich viel mehr her«, sagt Mario Lizzi und erinnert daran, dass früher die Bauern der Gegend von Fagagna nach harter Feldarbeit auf diese Weise wieder zu Kräften kamen.

Adresse Fleischerei/Macelleria Mario Lizzi, Via Umberto I 27, 33034 Fagagna (UD), www.macellerializzimario.it | Tipp Zu der Fleischerei gehört gleich nebenan das Ristorante Al Bacar. Da bietet sich für Feinschmecker die Gelegenheit, die vielen Köstlichkeiten Mario Lizzis zu kosten (www.ristorantealbacar.com).

16 Pitina

Das Fleischlaibchen aus der Räucherkammer

Sie hat die Form eines Hamburgers, ist aber viel delikater: Die *Pitina* ist eine Spezialität der Berggegend hinter Pordenone und Maniago, speziell der Täler Val Tramontina, Valcellina und Val Colvera. Entstanden ist das Rezept vor gut 200 Jahren aus der Notwendigkeit, das Fleisch im Herbst und Winter haltbar zu machen, ursprünglich Wild (Reh oder Gämse), das die Jäger nach Hause brachten, aber auch Schaf- und Ziegenfleisch. Heute gibt es überdies Varianten mit Schweine- und Rindfleisch.

Das Fleisch wird mit dem Messer ganz fein gehackt (heutzutage auch oft faschiert) und mit Salz, Pfeffer, Knoblauch, Wildem Fenchel, Kräutern, Knoblauch und Wein vermischt. Daraus werden Fleischlaibchen geformt, diese werden in Polentamehl gewälzt. Das Räuchern erfolgte ursprünglich im Kamin des offenen Feuers, das früher in jeder Küche brannte. Nun geschieht es in Räucherkammern, wo die *Pitina* drei bis vier Tage im Rauch von aromatischen Hölzern, etwa von Buchenholz, bleibt. Auch Wacholderzweige kommen wegen ihres charakteristischen Dufts ins Feuer. 30 Tage soll sie danach ruhen.

Die *Pitina* wird in Scheiben geschnitten und wie eine Salami gegessen, alternativ wird sie kurz in der Pfanne gebraten und mit einem Schuss Essig oder mit Zwiebeln und Polenta serviert. Oder sie verfeinert in kleinen Stückchen eine Kartoffelsuppe.

Die Rezepturen können von Ort zu Ort variieren, etwa in der Würzung durch Kräuter, aber auch in der Größe des Fleischlaibchens und im Namen: Die *Pitina* des Val Tramontina heißt im Ort Andreis im Valcellina *Peta* (sie ist deutlich größer), und in Claut wird sie *Petuccia* genannt. Die Slow-Food-Bewegung, als Gegenpol zum Fast Food aktiv um die Erhaltung regionaler Produkte mit Tradition bemüht, hat die *Pitina* als Presidio-Produkt ausgezeichnet, also als schützenswerte Spezialität. In den Fleischereien der Gegend ist sie überall zu bekommen und in den Trattorien zu probieren.

Adresse Macelleria Polesel, Piazza Italia 1, 33085 Maniago (PN), www.pitina.it; Macelleria Bier, Via Roma 1, 33093 Meduno (PN), www.macbier.it

17 Prosciutto di San Daniele

Der weltberühmte Rohschinken

Schon die Römer kannten *prosciutto crudo*, den rohen Schinken aus dem Friaul. Mit Aquileia und Venedig betrieben die Bewohner von San Daniele Schinken-Handel. Ein Dokument aus dem Jahr 1563 belegt, dass beim Konzil von Trient »dreißig Paar Schinken« verzehrt wurden, die auf Mauleseln nach Trient gebracht worden waren. Dort hat er gemundet, genauso wie heute. Sein Geschmack ist zarter als der des Rohschinkens aus Parma.

Unter dem Namen *Prosciutto di San Daniele* ist der Schinken seit etwa 1800 bekannt. Er war aber vor den 1960er Jahren kein Allgemeingut in den friulanischen Haushalten, erst in der jüngeren Vergangenheit vollzog sich die Entwicklung vom ländlichen Produkt zur modernen wirtschaftlichen Produktion.

San Daniele ist aus verschiedenen Gründen ideal für das Lufttrocknen des Schinkens: Der Ort liegt auf einem Moränenhügel unweit des Flusses Tagliamento und nahe den Voralpen. Kalter Wind kommt vom Norden, warme Luft vom Meer, das kaum 50 Kilometer entfernt ist. Beides mischt sich, die konstante Ventilation und die geringe Luftfeuchtigkeit wirken wie eine Klimaanlage. Aus zehn verschiedenen Regionen Italiens werden Schweine der Sorten Large White, Landrace und Duroc zur Verarbeitung nach San Daniele gebracht. Die Keulen werden eingesalzen, in die bekannte Mandolinenform gepresst und gewaschen. Die nicht von Schwarte bedeckten Stellen erhalten eine Schutzschicht mit einer Mischung aus Schweinefett, Reis- und Getreidemehl. Dann werden die Keulen in die Trockenräume gehängt, wo sie mindestens 13, besser aber 18 oder auch 24 Monate bleiben.

Mehr als drei Millionen Schinkenkeulen werden pro Jahr in San Daniele als DOP-Produkt (Qualitätsbezeichnung für geschützte Herkunft) hergestellt, in hochwertigen Großunternehmen samt angeschlossenem Restaurant wie Dok dall'Ava genauso wie in kleinen Qualitätsbetrieben wie La Glacere, wo etwa 5.000 Stück jährlich produziert werden.

Adresse Consorzio del Prosciutto di San Daniele, Via Ippolito Nievo 19, 33038 San Daniele del Friuli (UD), www.prosciuttosandaniele.it; Prosciutteria Dok dall'Ava, Via Gemona 17, 33038 San Daniele del Friuli (UD), www.dokdallava.com; Prosciuttificio artigianale La Glacere, Via Osoppo 9, 33038 San Daniele del Friuli (UD), www.laglacere.it | Tipp Empfehlenswert nicht nur zum Verkosten des *prosciutto* sind die Trattoria Da Catine in Aonedis di San Daniele (www.dacatine.it) und das Ristorante La Pergola im Süden von San Daniele (www.lapergolasandaniele.it).

18 Prosciutto di Sauris

Der kunstvoll geräucherte Schinken

Eingerahmt von der prächtigen karnischen Bergwelt, entsteht auf 1.400 Metern Seehöhe im Ort Sauris herrlicher Schinken. Seit jeher wurde bei den Familien in den Bergen das Räuchern als Mittel zum Haltbarmachen von Fleisch gepflegt. In uralten Dokumenten des Pfarrarchivs ist nachzulesen, dass sich in der deutschen Sprachinsel Sauris/Zahre die kunstvolle Technik entwickelte, die nordische Art des Räucherns mit der lateinischen Methode der Konservierung mit Salz zu verbinden.

Heute kommt der Rauch nicht mehr nur wegen der Haltbarkeit zum Einsatz, sondern um den Fleischprodukten ein besonderes Aroma zu verleihen. Während früher im Kamin oder über der offenen Feuerstelle, dem Fogolar, geräuchert wurde, geschieht das heute in Räucherkammern mit einer Temperatur von 15 bis 20 Grad und einer Luftfeuchtigkeit zwischen 50 und 90 Prozent. Der Rauch wird durch Kanäle eingeleitet und hat nicht mehr als 30 Grad Celsius. Die goldene Regel: Der mit Buchenholz aus den nahen Wäldern erzeugte Rauch darf nie das süßliche Aroma des Fleisches überdecken. 2010 bekam der *Prosciutto di Sauris* die Qualitätsmarke IGP (Indicazione Geografica Protetta) verliehen, eine geschützte Herkunftsbezeichnung.

Zwei Betriebe haben sich in Sauris einen Namen gemacht. Der »Platzhirsch« ist die Schinken- und Wursterzeugung Wolf. Gegründet 1862 als erste professionelle Produktion, ist der ehemalige Familienbetrieb groß geworden und arbeitet mit besonderer Sorgfalt, vom Einsalzen des Frischfleisches (nur Schweine aus italienischer Zucht nach strengen Regeln) über den *Sospetto di fumo*, den Hauch von leichter Räucherung, bis zum Reifen der Schinken an der frischen Bergluft. Viel jünger ist die Schinkenerzeugung Zahre von Elvis Tavano, seit 2019 in Sauris in einem hübschen Bauernhaus zu finden. Der Betrieb hat seine Wurzeln in der gleichnamigen Wurstwarenerzeugung unten im Tal im Ort Ampezzo, in dem die Bergstraße hinauf nach Sauris abzweigt.

Adresse Prosciuttificio Wolf Sauris, Sauris di Sotto 88, 33020 Sauris (UD), www.wolfsauris.com; Salumificio Zahre, Località Gostach, Sauris di Sotto, 33020 Sauris (UD); Zona Industriale 7, 33021 Ampezzo (UD), www.zahre.it | **Tipp** In Cormòns im Osten des Friaul wird von D'Osvaldo ebenfalls ein feiner, leicht geräucherter *prosciutto* erzeugt. Hier kommt der Rauch von Kirsch- und Lorbeerholz zum Einsatz (www.dosvaldo.it).

19 Prosciutto di Trieste

Gekochter Schinken – am besten in Brotteig

»Gleich kommt die Chefin und schneidet den Schinken an. Er ist eben fertig geworden.« Giulio weiß die Vorfreude in der Osteria Vecio Buffet Marascutti zu steigern. Und schon eilt Daniela samt dem *Prosciutto cotto in crosta di pane*, dem gekochten Schinken in Brotteig, aus der Küche. Er ist in eine Halterung eingespannt, die es ermöglicht, mit der Hand und einem scharfen Messer Scheibe für Scheibe abzuschneiden. Lauwarm auf den Teller, etwas frisch geriebener Kren darüber – eine der Triestiner Delikatessen mit »Suchtgefahr«. Das Buffet Marascutti ist berühmt für seinen *Prosciutto in crosta*.

Italienische Koch-Historiker haben die Wurzeln des *Prosciutto cotto in crosta di pane* in der Antike identifiziert. In der Schrift »De arte coquinaria« des Römers Marcus Gavius Apicius aus dem 5. Jahrhundert nach Christus findet sich ein Rezept für eine mit Lorbeer und Feigen gekochte Schweinekeule in einer Kruste aus Mehl und Öl. Ähnliche Zubereitungen waren auch im Mittelalter gebräuchlich. Fest steht, dass zu Zeiten des Habsburgerreiches solch ein Rezept in Böhmen Verwendung fand und sich von dort in andere Länder der Monarchie ausbreitete. Böhmische Hausangestellte haben das Wissen um den gekochten Schinken in Triestiner Haushalte gebracht, er wurde »Prager Schinken« genannt.

Langsam wird er im Dampf gekocht, über Buchenholz-Spänen leicht geräuchert, in Brotteig eingepackt und bei 200 Grad etwa zwei Stunden gebacken. Die Fleischwarenerzeugung Fratelli Masè war 1870 die erste, die in Triest den *Prosciutto cotto in crosta* professionell handwerklich herstellte. Heute sind viele Gaststätten in Triest um die Erhaltung dieser Prosciutto-Tradition bemüht, zum Beispiel auch das Buffet Da Siora Rosa.

Der *Prosciutto cotto* mit oder ohne *crosta*, dafür stets mit frisch geriebenem Kren, war ursprünglich eine Spezialität für das Osterfest. Seit Langem steht er aber rund ums Jahr auf dem Speiseplan.

Adresse Osteria Vecio Buffet Marascutti 1914, Via Cesare Battisti 2/b, 34125 Triest, www.buffetmarascutti-trieste.it; Buffet Da Siora Rosa, Piazza Attilio Hortis 3, 34123 Triest, www.buffetsiorarosa.it; Masè, Produktion und Verkauf, Via Josip Ressel 2, 34018 San Dorligo della Valle, www.mase.world

20__Salame & Sopressa

Beliebte Würste aus dem Besten vom Schwein

Aus faschiertem Schweinefleisch, Lardo- und Bauchspeck, vermischt mit Salz, Pfeffer, Gewürzen wie Knoblauch, Weiß- oder Rotwein, in Därme gestopft, dann zum Trocknen erst im Warmen, später zur Reifung im Kühlen aufgehängt, so entsteht *il Salame* (im Italienischen ist die Salami männlich), also die friulanische Salami. »Wir arbeiten nur mit bestem Fleisch und verwenden nur Naturdarm«, betont Valentino Zanin, traditionsbewusster Fleischer in Camino al Tagliamento, zu dem die Kunden von weit her kommen. Womit ein Qualitätskriterium definiert ist. Vier bis zehn Wochen dauert der Reifeprozess, die *stagionatura*, der Salami.

Sie hat auch eine größere »Schwester«, die *Sopressa*. Diese enthält weniger Speck, hat einen größeren Querschnitt und reift länger. Deshalb ist ihr Geschmack auch noch intensiver. Im Unterschied zu *Salame* und *Sopressa* der friulanischen Ebene werden beide in den karnischen Bergen leicht geräuchert – nach den ersten Tagen des Trocknens und vor der Lagerung zur Reifung.

Die Tradition des Haltens und Verarbeitens von Schweinen auf den friulanischen Bauernhöfen ist lang. Die Schweine waren eine wichtige Nahrungsquelle. Der *purcitar* oder auch *norcino* genannte, im Winter von Hof zu Hof ziehende Fleischer schlachtete die Schweine und verarbeitete sie an Ort und Stelle. Diese Tradition gibt es vereinzelt bis heute. Mancher betont, dass für gute Salami nicht einfach *maiale*, also Schwein, verwendet wird, sondern *porco*, das kastrierte männliche Schwein.

Als *Salame all'aceto* mit Polenta wird die Salami zur kräftigen Hauptmahlzeit. Dazu wird sie in dicke Scheiben geschnitten, die Haut wird abgezogen. In einer Pfanne mit Öl werden in Ringe geschnittene Zwiebeln angebraten, die Salamischeiben dazugegeben, mehrfach gewendet, darüber wird dann Essig verteilt, nach ein paar Minuten eventuell auch etwas Rotwein, und auf kleiner Flamme zieht das Ganze noch kurz durch.

Adresse Macelleria Salumificio Valentino Zanin, Via Tagliamento 10, 33030 Camino al Tagliamento (UD), Tel. +39/0432/919942 | Zutaten für *Salame all'aceto* (4 Pers.): 8–12 dicke Scheiben frische Salami (zu lang gereifte wird beim Braten leicht trocken), 3 Zwiebeln, ⅛ l Essig, Rotwein nach Belieben

21 Salsiccia & Musetto

Schweinerne Rohwürste zum Kochen oder Braten

Aus keiner friulanischen Küche ist sie wegzudenken, die *Salsiccia*. Als vielseitig verwendbare Rohwurst wird sie in den *macellerie*, den Fleischereien, aus faschiertem Fleisch von Schulter und Rippen des Schweins samt Fettanteilen etwa aus Bauchspeck plus verschiedenen Gewürzen hergestellt. Da werden in der »Bibel« der friulanischen Kulinarik von Giuseppina Perusini Antonini bei einem Rezept aus dem 19. Jahrhundert außer Salz auch noch Zimt, Nelken, Pfeffer und Wein genannt. Doch die Würzung variiert natürlich von Erzeuger zu Erzeuger. Die *Salsiccia*, je nach Gegend auch *Lujànie* oder *Luganega* genannt, wird entweder gekocht, oder sie darf in der Pfanne brutzeln. Zieht man ihr die Haut ab, kann das Innenleben als Basis für einen feinen *sugo* dienen.

Nicht unähnlich ist das *Musetto*, auch *Muset*, die friulanische Variante des *Cotecchino*. Es heißt, wenn die Salami der Prinz der Schweinswürste im Friaul ist, dann ist das *Musetto* das Aschenputtel, denn es war ursprünglich die Umsetzung der Regel »Vom Schwein wird nichts weggeworfen«. Heute ist diese Rohwurst allerdings zu einer Stütze der friulanischen Küche geworden. Sie wird nicht mehr aus minderwertigem, sondern aus magerem Schweinefleisch, Schmalz und Teilen der Schnauze, des *muso*, erzeugt, daher der Name. Die Speckschwarte, italienisch *cotenna*, gab nicht nur dem *Cotecchino* den Namen, sie gehört auch ins *Musetto*. Etwa drei Stunden im Wasser köcheln lassen, lautet der Hinweis der Einheimischen. Traditionell wird es dann einige Zeit auch mit der *Brovada*, den sauren Rüben, mitgekocht. Diese Kombination oder auch die mit Linsen ist im Winter im Friaul kulinarische Pflicht, vor allem in der Neujahrsnacht.

Die beiden »Verwandten« *Musetto* und *Cotecchino* haben noch ein »Familienmitglied«, den *Zampone*. Bei dieser Variante wird die Fülle nicht in Schweinedarm, sondern in einen Schweinefuß, *la zampa*, gegeben.

Adresse Antica Macelleria Boschetti, Piazza Mazzini 2, 33019 Tricesimo (UD), www.macelleriaboschetti.it; Antica Macelleria Lazzara, Via Roma 133, 33026 Paluzza (UD), www.facebook.com/AnticaMacelleriaLazzara | Tipp Hier gibt es die Wurstwaren auch in leicht geräucherter Form, wie oft im karnischen Bergland.

22 Selvaggina

Wild mit Federn oder Fell

Ein Schwarz-Weiß-Foto aus den 1940er Jahren. Ernest Hemingway, damals noch nicht Literatur-Nobelpreisträger, sitzt in einem Boot, ein Gewehr in der Hand, vor ihm liegen hölzerne Lock-Enten. Hemingway liebte es, auf Einladung der friulanischen Adelsfamilie Kechler in den Lagunen zwischen Lignano und Venedig auf die Jagd zu gehen und Stockenten zu schießen. Doch nicht nur für ihn war die auf Italienisch *Germano Reale*, auf Friulanisch *Mazurìn* genannte Wildente ein Ziel, sie zählt zu jenen Wildtieren, die überall in der Region gern gegessen werden. Im Ganzen gebraten ist sie ein Klassiker im Ristorante Da Toni in Gradiscutta. Zu schmackhaftem *sugo* verarbeitet, wird sie oft mit Nudeln, etwa *pappardelle* (Bandnudeln), serviert. Die Urtümlichkeit der friulanischen Küche trifft auf moderne Kreativität. Das Gleiche gilt für anderes Wild mit Federn, *Selvaggina da piuma*, oder den Fasan, auf Italienisch *fagiano*.

Die Zeiten, in denen Wild gejagt werden darf, sind streng geregelt. Im Herbst und Winter werden auch Speisen von *Selvaggina da pelo*, Wild mit Fell, beispielsweise Hirsch und Reh, *cervo* und *capriolo*, angeboten, oft als Ragout oder Braten wie in der Osteria Stella d'Oro in Verzegnis oder in der Trattoria Nardini in Cividale del Friuli. Schließlich sind etwa 40 Prozent der Region mit Wald bedeckt, dort lebt Wild im Überfluss. Von den Bergen bis in die Ebene vermehren sich die Wildschweine, die *cinghiali*, und zerstören regelmäßig Maisfelder und Weingärten. Kein Wunder also, dass sie mehr denn je Kandidaten für den Kochtopf sind.

Für *Germano Reale* oder Fasan *»in agrodolce«* werden die Fleischstücke in ihrem eigenen Fett mit Zwiebelscheiben angebraten, gesalzen, gepfeffert, mit Weißwein übergossen und etwa 40 Minuten auf kleiner Flamme gegart. Danach gibt man geschälte Apfelstücke dazu und kocht sie ungefähr 10 Minuten mit. Vor dem Servieren kommt noch ein Löffel Apfelessig darüber.

Adresse Ristorante Da Toni, Via Sentinis 1, 33030 Gradiscutta di Varmo (UD), www.ristorantedatoni.it; Antica Osteria Stella d'Oro, Via Tolmezzo 6, Località Villa, 33020 Verzegnis (UD), www.facebook.com/Stelladoroverzegnis; Antica Trattoria Nardini, Piazzetta De Portis 18, 33043 Cividale del Friuli | Zutaten für *Germano Reale in agrodolce* (4 Pers.): ausgelöste Fleischstücke von 2 Wildenten, 1 große Zwiebel, 4 Äpfel, 1 EL Apfelessig, ⅛ l Weißwein, Salz, Pfeffer

23 Struzzo

Der Strauß als moderne Bereicherung der Küche

Die Strauß-Hennen hocken am Boden ihres Geheges. »Wenn sie so sitzen, dann kommt Regen«, sagt Michela Martina, die Züchterin. Sie kennt ihre Tiere gut. Auf der Farm »La Riviera Struzzi« nahe Tarcento leben stets etwa 170 Strauße, vom Küken bis zum erwachsenen Tier. Nur drei männliche reichen aus, um für genügend Nachwuchs zu sorgen. Fleisch, Federn, Haut, Eier – all das ist vom größten Laufvogel der Welt verwertbar. Deshalb scherzt Michela: »Der Strauß, der *struzzo*, ist ein Schwein auf zwei Beinen!« Allerdings sei bei der Straußenzucht die artgerechte Haltung ein Muss.

Schlachtreif ist ein Strauß im Alter von 12 bis 16 Monaten mit einem Lebendgewicht von gut 100 Kilogramm. Davon bleiben etwa 35 Kilogramm an Fleisch. Geschlachtet und verarbeitet wird direkt in Michelas Farm. Ab Hof, online, auf Märkten der Gegend, auch bei Ortsfesten kann man die Produkte der Straußenfarm erwerben – eine moderne Bereicherung der friulanischen Küche.

Das rote Fleisch ist mager und wohlschmeckend, reich an Eisen, Magnesium sowie Omega-3-Fettsäuren und arm an Cholesterin. So ist es besonders für Ausdauersportler, Rekonvaleszente und Menschen mit Blutarmut empfehlenswert. Wie beim Rindersteak empfiehlt sich scharfes Anbraten in der Pfanne mit Öl oder Butter, dann kommt das Fleisch bei 180 Grad ins Backrohr, so ist ein Strauß-Filet von etwa 500 Gramm nach 15 Minuten fertig geschmort. Nach zwei Minuten Braten auf jeder Seite ist das Strauß-Steak fertig für alle, die es englisch *rare*, italienisch *al sangue* (blutig) mögen.

Auch Carpaccio und Roastbeef vom Strauß werden in Michelas Farm vorbereitet. Der *Salame di struzzo* schmeckt intensiv, ebenso das ebenfalls aus faschiertem Fleisch hergestellte runde geräucherte Produkt (ähnlich der traditionellen *Pitina*), das *Diamante di struzzo* heißt. Von einem Ei kann eine ganze Familie satt werden, denn sein Inhalt entspricht etwa 25 Hühnereiern.

Adresse Azienda Agricola La Riviera Struzzi, Via Divisione Julia 55, 33010 Magnano in Riviera (UD), www.struzzinordest.it | Tipp Aus Straußenleder von Michela Martinas Farm fertigt Laura Mosolo im nahe gelegenen Ort Nimis schöne Handtaschen und Geldbörsen (www.facebook.com/p/Mosolo-Pelletterie-100054589532711).

24 Varhackara

Der Brotaufstrich aus verschiedenem Speck

Wieder eine Spezialität, bei der Gedanken an Kalorien und Cholesterin in den Hintergrund treten und dem Geschmack den Vorrang lassen: Die *Varhackara* ist in Timau zu Hause, einem kleinen Ort in den karnischen Bergen an der Straße zum Plöckenpass Richtung Kärnten. *Varhackara* – ein seltsames Wort. Denn: Der Ort, auch Tischlbong genannt, ist eine Sprachinsel, in der sich ein uralter kärntnerisch-bayerischer Dialekt erhalten hat. Es waren schließlich Kärntner Bergleute, die sich schon im Mittelalter hier niederließen.

Aus »Verhacktem«, also klein gehacktem und/oder auch faschiertem *Ruka-Speck* (Rückenspeck), *Lardo* (weißem Speck), *Pancetta* (Bauchspeck), *Salame* und *Guanciale* (Schweinswange) sowie verschiedenen Gewürzen entsteht eine Masse. Die besondere Mischung aus fetten und mageren Teilen macht sie streichfähig. So lässt sich die *Varhackara* aufs Brot verteilen, aber auch zum Aromatisieren von diversen Speisen wie *Cjalsòns*, Gnocchi oder Gemüsesuppen verwenden.

Früher, als die Bauernfamilien die Schweine noch selbst geschlachtet haben, wurden für die *Varhackara* Reste verarbeitet. Heute ist sie eine Rarität geworden. Zu Füßen der steilen Felswände des Berges Creta di Timau (Tischlbong) wird dieses Produkt in der Fleischerei Mentil noch hergestellt, hier jedoch nicht aus irgendwelchen Resten, sondern aus hochwertigen Stücken vom Schwein. Massimo Mentil, der nach einem Wirtschaftsstudium nach Timau zurückgekehrt ist und den 1959 gegründeten Betrieb 2005 von seinem Vater Flavio übernommen hat, ist es wichtig, diese Tradition zu erhalten. Als Presidio-Projekt der Slow-Food-Bewegung wird auch dafür gesorgt.

Eine ähnliche Mischung ist in Sappada – auch eine deutsche Sprachinsel ganz oben in den Friaulischen Dolomiten – als *Pestat di Speck e Lardo* zu finden. In Kärnten und der Steiermark wird ähnlicher Brotaufstrich *Verhackertes*, in Slowenien *Sassaka* genannt.

Adresse Macelleria Salumi & Sapori di Timau – Mentil, Via Maria Plozner Mentil 42, 33026 Timau-Paluzza (UD), www.facebook.com/SalumiSaporiDiTimauSnc | Tipp Viele Kunden von diesseits und jenseits der Grenze kommen auch wegen der *Schultar*, der geräucherten und gekochten Schweineschulter, zur Fleischerei Mentil.

25_Baccalà

Gekochter Stockfisch – ein köstlicher Import

Wenn ein Landstrich wie das Friaul jahrhundertelang zu Venedig gehörte, ist es keine Überraschung, dass ein Klassiker der Küche Venedigs, der aus gesalzenem, getrocknetem Kabeljau, dem Stockfisch, gekochte *Baccalà* auch ein friulanischer Klassiker wird. Apulische Matrosen sollen im 15. Jahrhundert bei ihrer Rückkehr aus Norwegen den Stockfisch nach Venedig gebracht haben. Etwa 100 Jahre später empfahl das Konzil von Trient den Gläubigen, mittwochs und freitags statt Fleisch Stockfisch zu essen.

Für den klassischen friulanischen *Baccalà* wird der Stockfisch ein paar Stunden in Wasser eingeweicht, dann werden die Haut sowie die Gräten entfernt. Jetzt muss er auf kleiner Flamme mit Weißwein, Salz und Gewürzen (eventuell auch passierten Tomaten) etwa zwei Stunden köcheln. In Triest werden gekochte *Baccalà*-Stücke mit Butter, Semmelbröseln, Rahm, Sardellenpaste, Pfeffer und Petersilie im Backrohr geschmort. Dazu wird meist Polenta serviert. Der *Baccalà mantecato* hingegen ist eine Creme aus in Salzwasser gekochtem, mit Olivenöl püriertem, mit Salz und Pfeffer abgeschmecktem Stockfisch. Ein beliebter Aufstrich auf Polenta oder Brot.

Die 1897 gegründete Osteria Al Bachero in Spilimbergo ist so etwas wie ein Tempel dieser Speise. Bis heute wird dort der *Baccalà* als Spezialität des Hauses nach einem alten Rezept der apulischen Matrosen zubereitet. Seit 1975 wird das Lokal von der Familie Zavagno geführt.

Im Ort Codroipo wird in der Zoratto-Mühle noch immer die Tradition des Hämmerns des Stockfisches gepflegt. Christian Zoratto ist der einzige traditionelle *Battitore di stoccafisso* in Italien geblieben. Wie früher wird der Stockfisch, den Christian von der norwegischen Lofoten-Insel Røst bezieht, von einem hydraulisch betriebenen hölzernen Hammer mit bis zu 150 Schlägen pro Minute weichgeklopft. So wird das Fischfleisch beim Kochen zarter, es nimmt mehr Wasser und auch die Gewürze besser auf.

Adresse Osteria Al Bachero, Via Pilacorte 5, 33097 Spilimbergo (PN), www.osteriabachero.com; Molino Zoratto, Via Molini 70, 33033 Codroipo (UD), Tel. +39/0432/906143, E-Mail: molinozoratto@gmail.com

26 Boreto

Delikater Fisch als Eintopf

Was einst die Fischer in ihren Hütten, den *casoni*, aus unverkäuflichen Fischresten kochten, ist heute eine Spezialität aus besten Fischstücken: *Boreto* wird nicht nur in Grado zubereitet, sondern auch in Marano Lagunare nördlich von Lignano. Ein geschmackvoller Eintopf, für den im Prinzip außer Fisch nur Knoblauch, Weinessig, Salz, Pfeffer, Öl und Wasser benötigt werden. In alten Zeiten verwendeten die Fischer den Knoblauch und den Essig, um den eventuell weniger delikaten Geschmack der Fischreste zu überdecken.

Für den *Boreto à la graisana*, also den in Grado gekochten, werden meist Stücke verschiedener Fischsorten verwendet, etwa Seebarsch (*branzino*), Goldbrasse (*orata*), Seeteufel (*pescatrice* oder *coda di rospo*), Steinbutt (*rombo*) und Scholle (*passera*). Ganze Knoblauchzehen werden im Öl gebräunt und dann entfernt. Jetzt werden die Fischstücke scharf von beiden Seiten angebraten. Nun wird gesalzen und gepfeffert, der Essig wird zugefügt, er muss einkochen. Damit die Fischstücke nicht zerfallen, wird nicht umgerührt, sondern die Pfanne wird nur geschwenkt. Heißes Wasser wird dazugegossen, bis die Fischstücke fast bedeckt sind, etwa 10 bis 15 Minuten wird das Ganze bei großer Hitze reduziert, bis der Sud dick ist.

Der *Boreto* wird »in bianco« gekocht, betonen die Gradeser, das klassische Rezept sieht also keinerlei Verwendung von Tomaten vor. Ein Indiz, wie es heißt, dass diese kulinarische Tradition auf eine Zeit zurückgeht, als es noch keine Tomaten gab. Die brachte ja Christoph Kolumbus um 1500 aus Amerika mit, erst etwa 200 Jahre später waren sie auch in Italien verbreitet. Doch inzwischen gibt es auch Rezeptvarianten mit Tomatenstücken sowie Zwiebeln, Karotten und Lorbeer.

Als Beilage wurde und wird immer weiße Polenta serviert, einst weil weißes Polentamehl billiger war als das gelbe, heute weil der dezentere Geschmack besser zum Fisch passt.

Adresse Ristorante Zero Miglia, Via Riva Dandolo 22, 34073 Grado (GO), www.zeromiglia.it; Hotel Ristorante Marea, Via dei Provveditori 6, 34073 Grado (GO), www.hotelmarea.it | **Zutaten** für 4 Pers.: 2 kg gemischter Fisch, ⅛ l Weinessig, grobes Salz, Pfeffer, 3 Knoblauchzehen, ⅛ l Sonnenblumenöl, Wasser

27 Branzino & Orata

Die Vorzüge von Wolfsbarsch und Goldbrasse

In Triest heißt es scherzhaft: »Der Fisch muss dreimal schwimmen: erst im Wasser, dann im Öl und zuletzt im Wein!« Das gute Glas Wein zum Fisch ist selbstverständlich, aber in Öl muss er nicht unbedingt baden. *Branzino* und *orata*, also Wolfsbarsch und Goldbrasse, garen besonders delikat umhüllt von grobem Salz. In den Küstenregionen von Friaul-Julisch Venetien werden *Branzino* oder *Orata al sale* sehr geschätzt. Ihr Fleisch ist überaus geschmackvoll. Für die Zubereitung in Salzkruste (30 Minuten bei 200 Grad im Backrohr) empfiehlt sich ein Fisch von mindestens eineinhalb Kilogramm, sonst wird das Fleisch eventuell zu trocken. Kleinere Exemplare werden gern entweder ganz oder als Filet in Backpapier mit Gemüse gedünstet.

Teils werden sie im offenen Meer gefangen, meist aber stammen sie aus einer der Fischzuchten von Grado oder Marano Lagunare. Die *vallicoltura*, die Aufzucht in den *valli*, den Tälern, also abgegrenzten Bereichen der Lagune, hat lange Tradition. Die hier aufgewachsenen Fische unterscheiden sich in Geschmack und Konsistenz positiv von jenen, die aus intensiver Fischzucht kommen. Zu den Spezialitäten zählt die *Mormora di Miramare*, die Marmorbrasse aus den Küstenstreifen vor Triest.

Branzino und *orata* gehören wie zum Beispiel *dentice* (Zahnbrasse), *merluzzo* (Kabeljau), *sogliola* (Seezunge) oder *cernia* (Zackenbarsch) zur Gruppe der *pesci bianchi*, also der weißen Fische. Die sind zum Unterschied vom *pesce azzurro*, dem blauen Fisch (zum Beispiel Sardinen), magerer und von zarterem Geschmack. Die Goldbrasse ist leicht zu bestimmen. Sie hat einen goldfarbenen Streifen zwischen den Augen, der ihr auch den Namen gibt. Der Wolfsbarsch hat einen länglichen Körper mit silbernen Schuppen an der Seite, hellen am Bauch und dunklen am Rücken. Er ist ein Raubfisch, was auch an seinem großen Maul mit den vielen Zähnen erkennbar ist. Er wird mancherorts auch *spigola* genannt.

Adresse Trattoria Al Pescaturismo, Villaggio del Pescatore, Zona Cava, 34013 Duino-Aurisina (TS), www.instagram.com/alpescaturismo; Ristorante Al Cavaluccio, Frazione Duino 61/D, 34011 Duino-Aurisina, www.ristorantealcavalluccio.it | Zutaten für *Branzino/Orata al sale* (4 Pers.): 1 *Branzino* oder *Orata* von 1,5 kg (vom Fischhändler küchenfertig machen lassen), circa 2 kg grobes Salz, etwas Olivenöl zum Servieren

28_Calamari & Co.

Tintenfisch ist nicht gleich Tintenfisch

Zuschlag! Am *mercato ittico*, dem Fischmarkt in Marano Lagunare, wird versteigert, was die Fischer nachts gefangen haben. Der Ort ist *das* Fischereizentrum der Region. Hier bekommt man alles, was Köche und Gaumen erfreut.

Fischer Gianni begegnet laienhaften Fragen nach Tintenfisch mit der Gegenfrage: »Welchen? Die *calamari, totani, seppie, polipi* oder *moscardini*?« Und er erläutert: »Hier habe ich die zehnarmigen, das sind die *calamari* – zu denen gehören auch die *totani* – und die *seppie*. Die haben acht kürzere Tentakel und zwei längere. Ein *calamaro* eignet sich gut zum Frittieren und zum Schmoren, am besten gefüllt, immer langsam auf kleiner Flamme, sonst wird das Fleisch zäh. Eine *seppia* hat innen ein *osso* (Fischbein), man muss es vor dem Zubereiten entfernen. Auch sie hat acht kürzere und zwei lange Tentakel, mit denen Nahrung wie kleine Fische einfangen wird. Auch die *seppia* ist ideal zum Grillen oder Schmoren. Mit ihrer Tinte kann man Pasta oder Soßen einfärben.« Gianni wendet sich anderen Kisten zu, deren Inhalt mit zerstampftem Eis gekühlt wird: »Da sind die achtarmigen Tintenfische, ihre Fangarme haben Saugnäpfe. Hier ein *polipo* oder *octopodo* und da die kleinen *moscardini*. Diese Kraken sind gekocht, gebraten oder gegrillt echte Delikatessen.«

Für private Einkäufer richtet ein guter Fischhändler die Weichtiere kochfertig her, etwa für *Seppie al sugo*. Dafür werden *Seppia*-Stücke mit Knoblauch, Petersilie, Pfefferoni/Chili, geschälten Tomaten, Öl und trockenem Wein etwa eine Stunde auf kleiner Flamme geköchelt. Freunde von *Seppia*-Tinte geben diese gegen Ende der Kochzeit noch dazu. Beliebt ist auch *Insalata di calamari*, Calamari-Salat: Dafür werden die *calamari* mit Sellerie, Karotte und Zwiebeln in leicht gesalzenem Wasser auf kleiner Flamme etwa 30 Minuten geköchelt, dann in Stücke geschnitten und mit einer Marinade aus Olivenöl, Zitronensaft, Salz, Pfeffer und Petersilie gemischt.

Adresse Osteria Scarpa, Vicolo Marano 9, 33054 Lignano (UD), Tel. +39/347/6565340 | Zutaten für *Seppie al sugo* (4 Pers.): 1 kg frische Seppie, 3 EL Olivenöl, 1 Knoblauchzehe grob gehackt, 500 g geschälte Tomaten, etwas getrockneter, scharfer Pfefferoni/Chili, ¼ l trockener Weißwein, 2 EL gehackte Petersilie; für Calamari-Salat (4 Pers.): 800 g frische Calamari, 1 Stängel Sellerie, 1 Karotte, 1 kleine Zwiebel, für die Marinade 3 EL Olivenöl, Saft einer Zitrone, 1 EL gehackte Petersilie, Salz, Pfeffer

29__Fasolari & Co.

Muscheln abseits des Üblichen

Natürlich! Jakobsmuscheln, die *capesante*, geschmort oder überbacken, gibt es in vielen Meeresgegenden. Das gilt auch für die Spaghetti mit den *vongole*, den Venusmuscheln, oder die Messermuscheln, die *capelunghe*, gegart in einer Marinade aus Weißwein. Diese Köstlichkeiten sind genauso wenig wegzudenken aus der Küche der Küstengebiete von Friaul-Julisch Venetien.

Doch es gibt durchaus Besonderheiten, etwa die *fasolari*, die Herzmuscheln, die besonders im Ort Marano Lagunare zur Tradition gehören. Das sind Muscheln in der Form von Venusmuscheln, aber größer, mit bräunlicher Schale und vor allem mit aromatischerem Geschmack. »Sie werden gern wie die Austern roh gegessen, nur mit Zitronensaft beträufelt«, erläutert Olga Dal Forno, die mit ihrer Tochter Laura die Taverna Al Pescatore führt.

Die *fasolari* eignen sich aber natürlich auch zum Überbacken: In diesem Fall werden sie gekocht, bis sie sich öffnen, das Muschelfleisch wird aus der Schale gelöst, zerkleinert, mit Semmelbröseln, geriebenem Parmesan, gehackter Petersilie, etwas Zitronensaft und Weißwein, einer Prise Salz und wenig gehacktem Knoblauch vermischt. Dann wird die Masse wieder in die Muschelschalen verteilt und im vorgeheizten Backrohr bei 180 Grad etwa 15 Minuten gebacken.

Eine Muschelspezialität in Triest sind die *mussoli*. Etwa acht Zentimeter lang sind diese unregelmäßig geformten, fleckig braunen Muscheln. Früher wurden sie an vielen Ecken der Stadt verkauft, heute sind sie rar geworden und deshalb geschützt. Sie dürfen nur mit einer speziellen Lizenz aus dem Wasser geholt werden. Ihr delikater Geschmack ähnelt dem der Miesmuscheln, der *cozze*, aber ihr Fleisch ist härter. Also werden sie am besten vorsichtig circa 15 Minuten im Wasser gedünstet und nur mit etwas Zitronensaft und Pfeffer gegessen. Oder ihr gekochtes Fleisch wird faschiert, zu Bällchen geformt, in Mehl gewälzt und frittiert.

Adresse Taverna Al Pescatore, Lungomare del Porto, Via San Vito 18, 33050 Marano Lagunare (UD), www.tavernaalpescatore.com; Fischhandlung Pescheria al Golfo di Trieste, Via del Coroneo 12, 34133 Triest, www.facebook.com/algolfoditriestepescheria | Tipp Mitte August steht der Ort Marano Lagunare ganz im Zeichen der »Fasolari in Festa«.

30 Gamberi di fiume

Flusskrebse – rar, aber gefeiert

In der Küche der Trattoria Da Vico in Caporiacco nordwestlich von Udine stehen Schüsseln voller knallroter *gamberi di fiume*, der Flusskrebse. Immer im August wird die »Sagra del Gambero di Fiume« gefeiert. Wirtin Graziella und ihrem Mann Gilberto Presello ist es ein Anliegen, dieses traditionelle Fest am Leben zu halten. »Vor 100 Jahren haben die Dorfbewohner die *gamberi*, die draußen in den Bächen zu Hunderten gefangen werden konnten, in die Trattoria zum damaligen Wirt Ludovico, genannt Vico, gebracht. Hier sind sie dann zubereitet worden, und es wurde gefeiert«, erzählt Graziella.

Das ist lang vorbei. Der heimische Flusskrebs *Austropotamobius pallipes* ist vom Aussterben bedroht. Die Verschmutzung der Gewässer, die Krebspest und die Verbreitung invasiver Krebsarten haben die einst reichen Bestände bis auf einige Reste zerstört. Die wenigen noch vorhandenen Exemplare sind nun geschützt und dürfen nicht gefangen werden. Initiativen zum Wiederaufbau heimischer Krebspopulationen laufen.

Das Flusskrebsfest in Caporiacco hilft auch, die Aufmerksamkeit auf die Bedeutung der *gamberi di fiume* zu lenken. Die hier verspeisten Krebse kommen allerdings von weit her: Sie werden im Sommer in Armenien gefischt, lebend per Flugzeug nach Venedig und von dort in die Restaurants gebracht, unter anderem auch in die Trattoria Da Vico. Wirtin Graziella erzählt: »Versuche, die Flusskrebse im Friaul und im Veneto zu züchten, waren nicht sehr erfolgreich. Aber dann haben die Experten von Friulpesca, der größten Fischhandelsagentur des Friaul, festgestellt, dass die armenischen Krebse unseren heimischen ähnlich und im Überfluss vorhanden sind. So können wir die Tradition weiterführen.«

Auf der Speisekarte finden sich im August nicht nur die delikat gekochten *gamberi di fiume*, die Krebse verfeinern auch Spaghetti mit einer Tomatensoße *alla busara*, oder sie werden mit Bohnen serviert.

Adresse Trattoria Da Vico, Piazza Primo Maggio 12, Caporiacco, 33010 Colloredo di Monte Albano (UD), www.trattoriadavico.com | Tipp Die Fisch-Handelsagentur Friulpesca betreibt Fischgeschäfte in Pordenone, Lignano Sabbiadoro, Lignano Pineta, Latisana, Marano Lagunare und Cervignano (www.friulpesca.it).

31 Sarde & Acciughe

Blaue Fische wie Sardinen und Sardellen

Pesci azzurri, blaue Fische – benannt nach dem blauen Rückenstreifen – wie Sardine und Sardelle (*sarda* und *acciuga*), aber zum Beispiel auch Makrele (*sgombro*), Hering (*aringa*), Schwertfisch (*pesce spada*) und Thunfisch (*tonno*) waren früher Teil der Armeleuteküche. Keine Rede mehr davon! Der Genuss ist inzwischen bei allen Fischfreunden angekommen.

Um Namensverwirrungen zu klären: Ob italienisch *sarde* oder *sardine*, es handelt sich um dieselbe Fischart. Wobei *sarde* meist für die frischen Fische und *sardine* für die in Öl konservierten verwendet wird. Auch *alici* und *acciughe* sind zwei Namen für dieselbe Art, wobei die kleineren *alici* und die größeren *acciughe* genannt werden.

Die *sarde* werden traditionell – geputzt und der Länge nach aufgeklappt – am liebsten einfach in Mehl gewendet und in heißem Öl gebraten, bis sie etwas Farbe annehmen. Auf einen gewärmten Teller gelegt, gesalzen und mit etwas Petersilie bestreut, sollen sie möglichst sofort serviert werden.

Sie als *Sarde in Saor* zuzubereiten, ist auch eine uralte Küchentradition. Da werden sie geputzt, bemehlt und in Öl frittiert, dann abgetropft und leicht gesalzen. In dünne Scheiben geschnittene Zwiebeln werden im verbliebenen Öl gedünstet und gesalzen. Wenn sie goldgelb sind, vermischt man sie mit Essig, Weißwein, Pfefferkörnern und Lorbeerblatt und kocht sie weiter, bis die Flüssigkeit um die Hälfte reduziert ist. Die frittierten Sardinen werden dann in eine Terrine geschichtet, das Zwiebelgemisch darüber verteilt, dann wieder eine Lage Sardellen und wieder Zwiebel. Das Ganze soll einen Tag lang im Kühlschrank durchziehen. Aber beim Servieren ist für die *Sarde in Saor* dann Zimmertemperatur ideal. In Venedig werden zusätzlich Pinienkerne und Rosinen unter die Zwiebeln gemischt.

Die *Sardoni Barcolani*, benannt nach dem Triestiner Ortsteil Barcola, sind besonders delikat und perfekt zum Frittieren.

Adresse Hostaria Malcanton, Via Malcanton 10, 34121 Triest, www.hostariamalcanton.it | **Zutaten** für *Sarde in Saor* (4 Pers.): 1 kg kleine Sarde, 1 kg Zwiebeln in dünne Scheiben geschnitten, etwas Mehl, 1 EL schwarze Pfefferkörner, 2 Lorbeerblätter, ⅛ l Weißweinessig, ⅛ l Weißwein, Öl zum Frittieren

32 Scampi & Co.

Krebstiere mit und ohne Scheren

Bei den Krebstieren herrscht eine ähnliche Sprachverwirrung wie bei den Tintenfischen. Für den nächsten Besuch auf einem Markt für Meeresgetier hier die augenfälligsten Unterschiede: *Scampi* haben Scheren, nicht aber die Garnelen, italienisch *gamberi*. Rohe *scampi* sind rötlich gefärbt, *gamberi* grau. *Gamberetti* oder *schile* (gesprochen Skile) werden die kleinen genannt. Die *mazzancolle* sind besonders delikate *gamberi*. Sie alle werden entweder gefischt – die Sandstrände zwischen Monfalcone und Lignano sind ihre Lebensräume –, oder sie werden wie andere Fische und Meeresfrüchte in den *valli* (von »vallum«, geschützt) genannten Zonen der Lagune von Marano Lagunare, wie dem Valle Marini oder dem Valle del Lovo, nachhaltig gezüchtet. Und dann wären da noch die hellen *canocchie*, die Heuschreckenkrebse. Die werden in Reusen, den *nasse*, gefangen. Aber auch die Krabben, *granchi* oder *grancevole*, haben ihre Fans.

Sie alle sind typisch für die Meeresküche Friaul-Julisch Venetiens. Egal ob sie gebraten, gekocht, gegrillt, als Suppe serviert oder frittiert werden, die Rezeptvarianten sind zahlreich. Die Zubereitung *al forno*, im Backrohr, ist besonders beliebt: Die jeweiligen Krebstiere werden vorbereitet, indem sie vom Schwanz bis zum Kopf aufgeschnitten werden, um den Darm zu entfernen. In dünne Scheiben geschnittene Kartoffeln werden in eine Auflaufform gelegt, bei 180 Grad im Rohr gegart, die Krebse daraufgelegt, nach weiteren zehn Minuten im Rohr mit etwas Weißwein begossen und ein paar Minuten beiseitegestellt. Mit einer Mischung aus gehacktem Knoblauch, Petersilie, Semmelbröseln und geriebenem Parmesan bestreut und leicht gesalzen, wird alles für weitere fünf Minuten im Rohr fertig gegart.

Zu beachten ist: Ein Zuviel an Krebsgenuss kann Allergien (Schüttelfrost, Ausschlag, Fieber) auslösen, was im Allgemeinen ungefährlich, aber lästig ist. Ein Antihistaminikum hilft.

Zutaten für *Scampi/Gamberi/Mazzancolle al forno* (4 Pers.): 3 Krebse pro Person, rohe Kartoffelscheiben zum Auslegen einer Terrine, ⅛ l Weißwein, 1 gehackte Knoblauchzehe, 3 EL Semmelbrösel, 1 TL gehackte Petersilie, 2 EL geriebener Parmesan, etwas Salz

33__Trota affumicata

Geräucherte Forellen zwischen Ebene und Bergen

Die *risorgive*, die Grundwasserquellen der Ebene, sind die Freude etlicher friulanischer Forellenzüchter. Die Quellen sorgen dafür, dass die Fischbecken dauernd mit frischem Wasser versorgt werden. So leben die Forellen unter Bedingungen, die denen natürlicher Wasserläufe ähneln. Der Aufschwung dieser Fischzucht begann in den 1970er Jahren und erlebt seit den 1980ern einen Boom. Das Ergebnis: viele köstliche Produkte, von der *Trota affumicata*, der geräucherten Forelle, bis zum *Caviale di trota*, dem Forellenkaviar.

San Daniele del Friuli ist nicht nur für Schinken berühmt. Nahe dem Ort liegen die Teiche von »Friul Trota«, in denen beste Lachsforellen gezüchtet werden. Als *Regina di San Daniele* kommen fein geräucherte Filets auf den Markt, vom Gourmetführer Gambero Rosso als »Top Italien Food 2023« prämiert. Der Fisch wird filetiert, entgrätet und eingesalzen. Dann wird er in den Räucherofen gelegt, in den Rauch aus Holzmehl, Beeren und aromatischen Kräutern. Die *Regina* wird *a freddo*, also kalt, geräuchert, da bleibt die Temperatur unter 27 Grad. Das dauert länger, sorgt aber für einen zarteren Geschmack. Für die Produktlinie *Fil di Fumo* wird warm, *a caldo*, geräuchert, bei 70 bis 80 Grad, das Filet wird also gleichzeitig geräuchert und gegart.

Ähnlich differenziert ist die Verarbeitung der Forellen bei »Zea – La Trota affumicata di Sauris«. Die Fische werden auch hier in von *risorgive* gespeisten Becken gezüchtet, und zwar in Sesto al Reghena nördlich von Portogruaro. Aber verarbeitet und geräuchert werden sie in den Karnischen Alpen im Ort Sauris auf über 1.000 Metern Seehöhe. Dort wird seit jeher die Kunst des Räucherns für Schinken und andere Fleischprodukte angewendet. Die Casa Zea im Ortsteil La Maina nutzt solches Wissen für die Forellen. *Flama* heißen hier die bei 75 bis 80 Grad geräucherten Forellen, *Šnea* und *Rach* die bei 25 Grad kalt geräucherten.

Adresse Friul Trota, Via Aonedis 10, 33038 San Daniele del Friuli (UD), www.friultrota.com; Zea – La trota affumicata di Sauris, Località La Maina, 33020 Sauris (UD), www.trotadisauris.com

34 Anguilla

Der Aal scheidet die Geister

»Für mich der beste Fisch!«, schwärmt Valentino und entspricht mit dieser Einschätzung der verbreiteten friulanischen Zuneigung zur *anguilla,* dem Aal. Andere schütteln sich schon beim Gedanken an diesen schlangenartigen Fisch und haben keinerlei Lust, seinen Geschmack zu testen – Einheimische genauso wie die Autoren dieser Zeilen. »Ihr versäumt etwas«, bekräftigen Aal-Fans wie Valentino.

Spannend ist, dass alle Aale – auch die in friulanischen Gewässern lebenden – aus dem Atlantik, genauer aus der Saragossasee, dem Meeresgebiet östlich von Florida, stammen. Dort schlüpfen sie, die Larven beginnen eine etwa drei Jahre dauernde Reise und erreichen als Jung-Aale, auch Glas-Aale genannt, europäische Gewässer. Dort verbringen sie die meiste Lebenszeit, um in der letzten Phase – dann sind sie zwischen 15 und 30 Jahre alt – zum Ablaichen wieder in die Saragossasee zurückzukehren. Dort sterben sie.

In Friaul-Julisch Venetien werden die Aale im Meer sowie in Flüssen und Seen gefischt, wofür es strenge Regeln gibt. Meist aber kommen sie aus den Aufzuchten. Dazu werden Jungtiere im freien Meer gefangen und dann in den sogenannten *valli*, den abgegrenzten Bereichen der Lagunen von Marano und Grado, großgezogen. Eine Vermehrung funktioniert nicht.

Die klassische Zubereitungsart ist *Anguilla in umido*, dazu werden Aalstücke mit Zwiebeln, Sellerie, Karotten, Petersilie, Lorbeer, Salbei, Wein und etwas Tomatensugo geschmort. Typisch für den Ort Marano Lagunare ist der *Bisato in speo*, im maranesischen Dialekt »Aal am Spieß«. Im Ristorante Ai Tre Canai wird er so zubereitet. Das ist eine aufwendige Angelegenheit, müssen doch die Spieße aus Tamarisken-, Haselnuss- oder Apfelbaumholz mit den *Anguilla*-Stücken etwa drei Stunden lang über einem Glutbett unter ständigem Wenden gebraten werden. Auf diese Weise schmilzt auch das viele Fett, das im Aalfleisch enthalten ist.

Adresse Trattoria Da Bepo di Valentino Bert, Via Pomponio Amalteo, Località Bugnins, 33030 Camino al Tagliamento (UD), www.dabepo.com; Ristorante Ai Tre Canai, Via Udine 36, 33050 Marano Lagunare (UD), www.ristoranteaitrecanai.com

35 Granchio blu

Die geschmackvolle blaue Killer-Krabbe

Grado, Lignano, Marano Lagunare – überall taucht sie auf, die Blaukrabbe, der *granchio blu* (*Callinectes sapidus*). Neuerdings in großen Mengen. In nur einem Jahr habe sich ihre Zahl verdreifacht, überschlagen sich die Meldungen. Dieser Eindringling ist aggressiv und verletzt mit seinen Scheren auch Menschen. Der *Granchio blu* hat offenbar nur einen Vorteil: Sein Fleisch schmeckt gut. Was Restaurants dazu veranlasst, diese Krabbe auf die Speisekarte zu setzen. Etwa 100 Kilogramm holen die Fischer von Marano und Grado inzwischen täglich aus dem Sand und Schlamm der Lagune, berichtet die Umweltschutz-Agentur ARPA (Agenzia regionale per la protezione ambientale). Was zwar das Problem mit der enormen Vermehrung des *Granchio blu* nicht löst, aber die Hoffnung auf Eindämmung nährt.

Die Krabbenart stammt von den Westküsten des Atlantiks. 1949 gab es erste Berichte aus der Lagune von Marano und Grado über ihre Einwanderung. Bis zu 1 Kilogramm schwer, etwa 15 Zentimeter lang und 25 Zentimeter breit wird sie. Warum sie sich so stark vermehrt, ist nicht restlos geklärt. Eine Rolle könnte spielen, dass die Tiere eine besonders große Toleranz gegenüber den gestiegenen Temperaturen und dem höheren Salzgehalt des Wassers an den Tag legen. Die Weibchen können Hunderttausende Eier legen. Fest steht: In großen Mengen richtet die blaue Killer-Krabbe enormen Schaden an, an der Umwelt und wirtschaftlich. Denn sie frisst Muscheln, kleine Krebse und Fische, gefährdet also einheimische Arten. Sie zerstört mit ihren starken Scheren Fischernetze und sogar Deiche. Kein Wunder, dass die Fischer Alarm schlagen.

Aber in Reusen werden sie des *granchio blu* habhaft, und immer mehr Fischlokale erfreuen die Kunden mit diversen Rezepten, die ähnlich wie die beliebte *granseola*, die Seespinne, oder auch *astice*, Hummer, zubereitet werden: Krabbenfleisch roh mariniert oder gekocht, dann wird die blaue Krabbe ganz rot.

Adresse ARPA Agenzia regionale per la protezione ambientale, Via Cairoli 14, 33057 Palmanova (UD), www.arpa.fvg.it; Cooperativa Pescatori »San Vito«, Via Serenissima 30, 33050 Marano Lagunare (UD), www.coopescasanvito.it

36 Lumache

Schnecken – einst frei gesammelt, nun gezüchtet

Schnecken im Garten? Schrecklich! Schnecken auf dem Teller? Im Friaul ein traditionelles Essen. »Wenn es geregnet hatte, hat uns die *nonna*, die Großmutter, zum Schneckensammeln auf die Wiese geschickt: Die kleinen hellen mit den schwarzen Streifen, aber auch die dicken grauen sollten wir mitnehmen. Wir hatten unseren Spaß und die Familie in der Folge ein beliebtes Gericht auf dem Teller: *Lumache in umido* – Schnecken in Soße«, erzählt Giacomo.

Inzwischen ist das Sammeln in freier Natur verboten. Aber es hat sich eine Handvoll Schneckenzüchter etabliert. Einer dieser Betriebe ist CheLumaca in Colloredo di Monte Albano nördlich von Udine. Die Gemeinde nennt sich »Città delle Chiocciole«, Stadt der Schnecken. Matteo Venuti und seine Frau Consuelo Bravin widmen sich seit 2013 mit Hingabe der *elicicoltura*. So heißt die Methode des Züchtens ausschließlich am freien Feld. Mit speziellen Netzen werden die etwa ein Hektar großen Bereiche für die Schnecken abgetrennt, da gedeihen Gemüse und Kräuter als deren Nahrung. Die Weinbergschnecke *Helix Aspersa Muller* (erstmals 1774 vom Zoologen Otto Friedrich Müller beschrieben) wächst und vermehrt sich schnell, hat einen hohen Nährwert, wenig Fettgehalt und ist die kulinarisch gefragteste Art.

Um die *lumache* zu reinigen, werden sie in belüftete Behälter gesteckt und müssen etwa eine Woche lang fasten, bis ihr Darm völlig entleert ist. Dann werden sie gewaschen, um den Schleim zu entfernen, in kaltem Wasser eingeweicht, dann gekocht, hernach aus den Gehäusen geholt, und der Darm wird entfernt. Jetzt erst sind sie fertig, zum Beispiel um *Lumache in umido* zuzubereiten: Erst Zwiebeln, Sellerie und Karotten sowie Salsiccia-Fülle in Öl anbraten, das Schneckenfleisch dazugeben, mit Weißwein ablöschen. Wenn der Wein verkocht ist, passierte Tomaten hinzufügen, kochen, bis das Ganze eindickt, mit Salz und Pfeffer abschmecken. Dazu wird Polenta serviert.

Adresse CheLumaca, Via San Rocco 21, 33010 Colloredo di Monte Albano (UD), www.chelumaca.com | **Zutaten** für *Lumache in umido* (4 Pers.): 1 kg Schnecken, 300 g Salsiccia, 0,1 l Weißwein, 500 g geschälte, passierte Tomaten, 50 g gehackte Zwiebel, 1 klein geschnittene Stange Sellerie, 100 g geriebene Karotten, Olivenöl

37_Rane fritte

Frittierte Frösche

Eine angenehme Mischung aus Huhn und Fisch – so wird der Geschmack von Froschfleisch beschrieben. Aber: Keine Frage, es kann einem widerstreben, Frösche zu essen, aus psychologischen Gründen genauso wie wegen des Tierschutzes. Anderen aber gelten *Rane fritte*, frittierte Frösche, als Spezialität, nicht nur in Frankreich.

Im Friaul waren sie jahrzehntelang ein beliebtes Nahrungsmittel, das sich die Menschen zum Nulltarif von den Wiesen und von den Flussufern holen konnten. So war es auch in Rivis al Tagliamento, einem Ortsteil von Sedegliano. Luca Snaidero, Präsident der Vereinigung Pro Loco Rivis, erzählt, wie anno dazumal die Trattoria des Ortes punktete, wenn sie im Frühjahr *Rane fritte* auf die Speisekarte setzte. Das führte die Bewohner zum gemeinsamen Genießen zusammen. Aus dieser Tradition entstand die »Sagra delle Rane«, das Fest der Frösche, das alljährlich im Frühjahr nahe dem Fluss Tagliamento gefeiert wird – mit Musik, Tanz und Gaumenfreuden. »Das Fest fördert den Zusammenhalt im Ort, die Menschen verbringen hier unbeschwerte Stunden und vergessen für kurze Zeit ihre Alltagssorgen«, schildert Snaidero und betont: »Die Frösche werden schon lange nicht mehr in den Wiesen eingesammelt, sie werden für das Fest von Lebensmittellieferanten tiefgefroren eingekauft.« Wer je mit den Ortsbewohnern und Gästen bei diesem Fest auf den Holzbänken gesessen ist, hat gesehen, dass die *Rane fritte* auf den Papptellern großen Zuspruch finden.

Ähnlich ist es in Bueriis di Magnano in Riviera. Dort waren die Frösche bis in die 1960er Jahre nicht nur ein wichtiges Lebensmittel, sondern auch ein Wirtschaftsfaktor. Die im Frühjahr mittwochs und donnerstags gesammelten Frösche wurden am Freitag in Gemona del Friuli am Markt verkauft und kosteten pro Kilogramm genauso viel wie Kalbfleisch. In Bueriis wird jeweils im Sommer ein Froschfest gefeiert, auf Friulanisch »Fieste dai Croz«.

Adresse Pro Loco di Rivis, Via Nazionale 28, 33039 Rivis al Tagliamento (UD), www.sagradellerane.it; Ostarie Vecjo Friul 1901, Via Nazionale 7, 33039 Rivis di Sedegliano (UD), www.vecjofriul.it

38 Asìno & Salato

Käse aus der Salzlake

In großen Holzbottichen schwimmen Käselaibe in milchigen Flüssigkeiten. »Die *salmuerie* bestehen aus Kuhmilch, Rahm und Salz. Diese hier ist 200 Jahre alt, die jüngste dort drüben 40!« Beppo Rugo, Chef der Casera Rugo, sieht das ungläubige Staunen der Besucher und erklärt die Tradition: »Die Laken stammen vom Urgroßvater und altern in den Bottichen aus Lärchenholz. Im Laufe der Jahre reichern sich die Aromen durch das Holz und den in ihnen reifenden Käse an. Was wiederum dem Käse seine salzige Würze gibt. Die Laken werden nie erneuert, höchstens mit etwas Wasser aufgefüllt.« Darin reift der *Salato* genannte Käse. Entsprechend der uralten Salmuerie-Tradition wird er nur noch von ganz wenigen Produzenten gemacht, darunter sind Beppo und sein Sohn Mattia von der Casera Rugo in Enemonzo im oberen Tagliamento-Tal und die Käserei Tosoni in Spilimbergo. Dort heißt der Käse *Asìno*, was nichts mit dem Esel, italienisch *asino*, zu tun hat, sondern sich von der Heimat des Käses, der Gegend des Monte d'Asio nördlich von Spilimbergo mit den Orten Vito d'Asio und Clauzetto, ableitet.

Den *Asìno* wie den *Salato* (friulanisch *Formàdi Asìn* und *Salât*) gibt es klassisch als fast weißen, halbharten Käse oder *tenero* (zart). Letzterer ist cremig und lässt sich gut aufs Brot streichen. Fein sind gekochte Kartoffeln oder Polenta mit *Asìno* oder *Salato*. Ein Risotto lässt sich mit diesem cremigen Käse gut binden, aber man muss beim Salzen Acht geben, denn er ist an sich schon sehr würzig. Der klassische eignet sich gut für Fondue und Soßen, weil er schmilzt, ohne Fäden zu ziehen.

Im einladenden Geschäft der Casera Rugo in Enemonzo kann man den *Salato* und viele andere Käse- und Fleischprodukte der Azienda Rugo erwerben. Am Sitz von Tosoni in Spilimbergo, aber auch in den Tosoni-Geschäften in Tolmezzo und Udine ist der *Asìno* zu finden, samt vielen anderen friulanischen Spezialitäten.

Adresse Casera Rugo, Via Nazionale 6, 33020 Enemonzo (UD), www.facebook.com/casera.rugo; Tosoni Formaggi, Via Barbeano 9/F, 33097 Spilimbergo (PN); La Baita Tosoni, Via delle Erbe 1/B, 33100 Udine; Astori Tosoni, Via Cavour 3, 33028 Tolmezzo, www.tosoniformaggi.it

39_Caciotta caprina

Der aromatische Ziegenkäse

Ganz schön frech, die *capra*, die Ziege! Mit den Vorderbeinen am Holzzaun versucht sie, Grünes aus dem Gemüsegarten zu stehlen. Sie lebt im Museum Cjase Cocèl in Fagagna, wo man das ländliche Leben erkunden kann und erfährt, dass Ziegen im friulanischen Bergland früher äußerst beliebt in der Landwirtschaft waren. Denn als gute Kletterer konnten sie sich gut auf steilen Weiden ihre Nahrung suchen und waren unkomplizierte Milchlieferanten. Viele Familien auch in der Ebene hielten sich Ziegen, oft nur eine oder zwei, um aus der Milch günstig Käse zu machen. Heute ist die Anzahl der Tiere insgesamt zwar zurückgegangen, aber immer noch finden sich überall Ziegenzüchter und Erzeuger von Ziegenkäse, vor allem der beliebten *Caciotta caprina.*

Ziegenkäse ist weniger fett, aber aromatischer als Kuhmilchkäse. Die halbweiche *Caciotta caprina (Caciotta di capra)* aus roher Ziegenmilch reift als kleiner Laib mindestens zwei bis drei Wochen lang. Noch würziger sind länger gereifte Varianten.

Milch gibt es nicht gleichermaßen rund ums Jahr. Ab dem Herbst werden die trächtigen Tiere nicht mehr gemolken. Damit wird erst wieder begonnen, wenn im Frühjahr die Zicklein auf die Welt gekommen sind und die Mütter viel Milch haben.

Die Käseerzeugung Caseificio Alto But in Sutrio nahe Paluzza ist bekannt für die hohe Qualität ihres Käses und besonders für ihre *Caciotta caprina*. Die Milch kommt von den Mitgliedern dieser Kooperative in verschiedenen Gemeinden der Gegend. Doch viele Ziegenzüchter mit Tieren meist der braunen Rasse *Camosciata delle Alpi* oder der weißen Rasse *Saanen* erzeugen ihre *Caciotta* und andere Käsevarianten selbst. Zum Beispiel bevölkern in der Azienda Capramica von Andrea Zannier in Pinzano al Tagliamento etwa 100 Ziegen die Ställe und Weiden. Die Azienda Corte Soffumbergo von Patrizia Pistor in Faedis ist für ihren Ziegenkäse schon mehrfach prämiert worden.

Adresse Caseificio Sociale Alto But, Viale Artigianato 1, 33020 Sutrio (UD), www.caseificioaltobut.it; Azienda Agricola Capramica, Via Tagliamento 26, 33094 Pinzano al Tagliamento (PN), www.capramica.it; Azienda Agricola Corte Soffumbergo – Pistor Patrizia, Via San Teodato 21, Frazione Campeglio, 33040 Faedis (UD), www.cortesoffumbergo.it | **Tipp** Eine weitere Spezialität des Caseificio Alto But: Nur hier wird der weiche Blauschimmelkäse *Pastorut* gemacht, der dem *Gorgonzola* ähnlich ist, aber milder im Geschmack. Pasteurisierter Kuhmilch wird dafür der Penicillium-Schimmelpilz zugefügt.

40__Formadi Frant

Der bemerkenswert würzige Almkäse

Eine Art Resteverwertung in höchst geschmackvoller Form, das ist der *Formadi Frant*. Traditionell erzeugt wurde der Käse von den bäuerlichen Familien Karniens, der nördlichen Bergregion Friauls, um nur ja nichts zu verschwenden. Weil der übliche Bergkäse aus Rohmilch produziert wird, besteht immer die Gefahr von Rissen in den Laiben, falscher Fermentation oder nicht funktionierender Reifung. Um zu vermeiden, dass diese Stücke verderben, wird aus ihnen der *Formadi (Formaggio) Frant* gefertigt – bis heute ein besonders geschätztes Produkt.

Das Wort *frant* bedeutet zerkleinert. Das geschieht also mit den zu verarbeitenden Käseteilen verschiedener Sorten und Alterungsstufen. Sie werden zerschnitten oder zerhackt, Milch, Salz, Pfeffer und frische Sahne werden zugefügt. Letztere macht den Käse weich. Diese Mischung wird erwärmt und gerührt, bis eine homogene Masse entsteht. Die wiederum wird in runde Holz- oder Blechformen unterschiedlicher Größe gefüllt und gepresst. Nun müssen die Käseräder mindestens einen Monat lang kühl bei etwa zehn Grad lagern.

Es heißt, in alten Zeiten habe der Pfeffer die Funktion gehabt, Mäuse vom Käse fernzuhalten. Dabei spielt er jedoch auch eine markante Rolle für menschliche Genießer: Das durch ihn unterstützte pikante Aroma verbindet sich auf interessante Weise mit der leichten Süße des *Formadi Frant*. Dieser Geschmack und seine helle graugelbe Farbe sind typisch für ihn. Einige Käsemacher versehen ihn heutzutage auch mit Walnüssen, Mohn, Kräutern, Rosinen und sogar Kren oder Chili. In jeder Form ist er bemerkenswert. Gegessen wird er meist mit Polenta oder Kartoffeln, besonders interessant ist die Kombination mit Honig. Wenn man ihn altern lässt, kann er auch über die Nudeln gerieben werden.

Inzwischen ist der *Formadi Frant* ein Presidio Slow Food, um das Wissen um diesen sehr speziellen, traditionsreichen Käse weiterhin zu pflegen und zu erhalten.

Tipp Die Latteria di Aviano erzeugt eine interessante Variante des *Frant*, den *Krént*. Da wird diesem Käse noch Kren/Meerrettich beigemischt (www.latteriadiaviano.it). Die Latteria Borgo Centro in Fagagna mischt zum *Formadi Frant* auch Trockenfrüchte oder verschiedene Gewürze (www.latteriaborgocentro.it).

41__Formaggi d'asino

Eselsmilch-Käse – eine delikate Rarität

Auf den ersten Blick sieht er aus wie ein Gupf aus Baiser, er ist aber ein Käse. Nicht zufällig heißt er *Meringa con latte d'asino,* also Baiser mit Eselsmilch. Er ist das rare Produkt eines kleinen Betriebes in Rive d'Arcano, das nahe dem Ort Fagagna in den Hügeln nordwestlich von Udine liegt. Zwei junge Leute, Luca Lanfrid und seine Partnerin Debora Valent, haben 2018 bei null begonnen, eine leer stehende Halle gekauft und mit dem Züchten von Eseln der Rasse Romagnolo angefangen. Etwa zwei Dutzend dieser hübschen, freundlichen Tiere genießen hier ihr Leben und haben schöne Weiden zur Verfügung. Ein paar Kühe, Schweine, Kaninchen und Hühner bevölkern ebenfalls den Betrieb namens »Gli asini di Manute«, die Esel von Manute. So lautete nämlich Luca Lanfrids Spitzname während seiner kurzen Karriere als Boxer.

Die Eselsmilch wird sowohl frisch als auch tiefgefroren verkauft und findet begeisterte Abnehmer, wegen des feinen Geschmacks, aber auch, weil diese Milch – der Muttermilch in ihrer Zusammensetzung am ähnlichsten – als Babynahrung wunderbar geeignet ist. Außerdem kann sie als Ersatz bei Kuhmilch-Intoleranz oder hohem Cholesterinspiegel dienen.

Auf den Meringa-Käse ist Debora Valent besonders stolz, er entsteht in Zusammenarbeit mit der Käsemacherin Leandra Terrasi im etwa 30 Kilometer östlich gelegenen Ort Faedis aus einer Mischung aus Esels- und Ziegenmilch. »Der *Meringa* schmeckt besonders gut zu Marmelade«, erläutert Debora Valent. Aber auch der Streichkäse *Bianco d'asino*, für den Eselsmilch mit Kuhmilch gemischt wird, ist durchaus etwas für Gourmets.

Die ägyptische Königin Kleopatra soll der Schönheit wegen in Eselsmilch gebadet haben. Der Schönheit und der Gesundheit der Haut dient auch ein Teil der Milch, die Lucas und Deboras Esel liefern. Sie wird in Kooperation mit dem Betrieb »I Profumi del Bosco« in Venzone in Seifen und Cremes verwandelt.

Adresse Gli asini di Manute, Via Roncon 16, 33030 Rive d'Arcano (UD), www.facebook.com/GliasinidiManute | Tipp Das nahe Fagagna ist für seine Tradition des Eselrennens »Corsa degli asini« bekannt. Dieser Wettkampf findet immer am ersten Sonntag im September statt. Diverse Züchter der Gegend wetteifern darum, den schnellsten Renn-Esel zu besitzen. Luca Lanfrids Tiere sind aber nicht dabei, die werden ausschließlich zur Milchproduktion gehegt und gepflegt.

42 Formaggi del Carso

Die Käsesorten aus dem Karst

70 Meter tief steigt Dario Zidarič in eine Grotte, um die Reifung des *Jamar* zu überwachen. Er ist der Einzige im Karst, der die Idee hatte, seinem Käse die Vorteile einer Felshöhle zuteilwerden zu lassen: konstante 12 Grad Celsius rund ums Jahr bei 90 Prozent Luftfeuchtigkeit. Vier bis fünf Monate bleibt der *Jamar* dort, nachdem er zuvor schon etwa vier Monate oberirdisch reifen durfte. Nach dem Aufenthalt in der Grotte ist noch etwa ein Monat zum Trocknen im Kühlraum angesagt. Dann hat der halbharte Käse seinen krümeligen Charakter und den typisch intensiven, am Gaumen anhaltenden Geschmack. Die Kruste erinnert optisch ein wenig an das Höhlengestein. *Jama* heißt auf Slowenisch Grotte, der Karst ist schließlich italienisch-slowenisches Grenzgebiet. »Der *Jamar* spiegelt die raue Karstlandschaft wider«, schildert Darios Frau Sandra. Etwa 1.200 Laibe Grottenkäse zu je 4,5 Kilogramm werden pro Jahr produziert.

Die Käseerzeugung hat im Karst keine Tradition, zu karg war stets die Landschaft, die kleinen Grünflächen boten nur Platz für ein paar Kühe. Die wenigen Milchprodukte, die nicht selbst verbraucht wurden, wurden von den Bäuerinnen hinunter in die Stadt Triest getragen und dort verkauft. »Insgesamt gibt es heute nur sechs Käse-Bauern im Karst«, berichtet Sandra. Zidaričs Betrieb in Prepotto bei Duino besteht seit 2001, die Weide bietet inzwischen Platz für etwa 80 Kühe, davon sind circa 35 Milchlieferantinnen.

Zu den typischen Rohmilch-Käsesorten im Karst zählt auch der *Tabor*. Er ähnelt dem Latteria-Käse, ist ein »Sohn der Bora«, des eisigen Windes, wie Dario Zidarič definiert, würzig in jedem Reifungsgrad von 2, 6, 12 und 24 Monaten. Der *Mlet* ist ein Verwandter des karnischen *Formadi Frant*, bei dem verschieden reifer Tabor-Käse zerrieben, mit Pfeffer vermischt und als Käse-Paste zum Reifen in Formen gepresst wird.

Adresse Azienda Agricola – Kmetija Zidarič Dario, Prepotto 36, 34011 Duino Aurisina, www.zidaric.eu | Tipp Die Latteria in Venzone erzeugt auch Grottenkäse, er heißt *Crypto*. Allerdings reift er in Südtirol in einem ehemaligen Bunker (Via Pontebana 5, Tel. +39/0432/985595).

43 Formai dal Cit

Der Käse aus dem Steinbehälter

Er ist eine Spezialität, die aus der Gemeinde Tramonti di Sopra im Val Tramontina stammt. Dieses Tal durchzieht die Berge der Friaulischen Dolomiten etwa 50 Kilometer nördlich von Pordenone. Eine abgelegene Gegend, was sich auch in der Ausprägung der friulanischen Sprache dort äußert. »Formai« ist hier der *formaggio*, also der Käse. Und »Cit« wird der steinerne Behälter genannt, in dem dieser Käse aufbewahrt wurde.

Formai dal Cit ist ein Verwandter des *Formadi Frant* genannten Käses, wie dieser ein Ergebnis des Bemühens, Reste oder fehlerhafte Laibe von Latteria- oder Montasio-Käse nicht verkommen zu lassen. Das Know-how wurde von Generation zu Generation weitergegeben. Egal, ob 2 oder 12 Monate gereifter Latteria und Montasio, der Käse wird mit dem Fleischwolf zerkleinert (in früheren Zeiten auch gerieben), mit Milch oder Rahm vermischt, bis eine dicke Creme entsteht. Gewürzt wird mit Salz und Pfefferkörnern. Nach einer Ruhephase wird das Gemisch fest und dann nochmals durch den Fleischwolf gedreht. Im Unterschied zum *Formadi Frant* wird dieser Käse nun aber nicht gepresst, sondern er kam ursprünglich zur Aufbewahrung in die erwähnten Steinbehälter. Zehn Tage nach der Produktion war er fertig. Heute pflegen kleinere Produzenten wie die Azienda Borgo Titol in Tramonti di Sopra erfolgreich die Formai-dal-Cit-Tradition. In Glasgefäße gefüllt wird er unter der Marke Latteria di Travesio (östlich des Val Tramontina) der Familie Tosoni, die ihre traditionellen Käseprodukte in Spilimbergo erzeugt und dort sowie in Tolmezzo und Udine Käsegeschäfte betreibt.

Dieser Käse entwickelt seinen würzigen Geschmack am besten bei Zimmertemperatur. Auf Brot oder Polenta wird er zur pikanten Vorspeise, er aromatisiert auch Nudeln oder Risotto. Die Slow-Food-Organisation hat den *Formai del Cit* in ihre Liste der besonders schützenswerten traditionellen Presidi-Produkte aufgenommen.

Adresse Azienda Agricola Borgo Titol, Località Titol 1, 33090 Tramonti di Sopra (PD), www.borgotitol.com; Tosoni Formaggi, Via Barbeano 9/F, 33097 Spilimbergo (PD); La Baita Tosoni, Via delle Erbe 1/B, 33100 Udine; Astori Tosoni, Via Cavour 3, 33028 Tolmezzo (UD), www.tosoniformaggi.it

44 Frico

Der klassische Käse-Kartoffel-Fladen

Kein Ortsfest ohne *Frico*! Was früher für rasche Sättigung schwer arbeitender Waldarbeiter und Bauern sorgte, ist heute ein beliebter Klassiker der Küche in Friaul-Julisch Venetien. Frico ist nicht einfach gebratener Käse, er ist ein Fladen aus Käse, Kartoffeln und Zwiebeln, manche fügen auch fein geschnittenen Speck oder *prosciutto crudo* dazu. Ein einfaches Rezept, allerdings mit der Herausforderung, die äußere Kruste entstehen zu lassen.

Der *Frico* gelingt, wenn die Kartoffeln nicht zu weichgekocht und dann gerieben werden. Ebenso gerieben wird der sechs bis zwölf Monate gereifte Montasio-Käse, die Zwiebel wird fein gehackt. Sie darf zunächst in einer Pfanne mit etwas Öl weich werden, dann werden die Kartoffeln dazugemischt, kurz danach wird der *Montasio* eingerührt, plus etwas Salz und Pfeffer. Die Mischung wird weich, bekommt aber auf der Unterseite eine Kruste. Sobald das so ist, kann der *Frico* aus der Pfanne auf einen Deckel oder Teller gleiten, so lässt er sich umdrehen und kommt mit der weichen Oberseite nach unten zurück in die heiße Pfanne. Nun entsteht auch auf dieser Seite die erwünschte Kruste. In vielen Trattorien wird der *Frico* mit Polenta serviert.

Neben diesem weichen *Frico* gibt es aber noch einen ganz knackigen. Dazu kommt geriebener *Montasio* in einer dünnen, runden Schicht von 10 bis 15 Zentimetern Durchmesser in eine leicht geölte, schon heiße beschichtete Pfanne. Draufdrücken und das Fett abgießen. Ist die Unterseite leicht gebräunt, wird der *Frico* mit einer Palette umgedreht, um die andere Seite Farbe nehmen zu lassen. Eine schnelle Methode ist auch, den geriebenen Käse auf Backpapier in Kreisform zu verteilen und ihn in der Mikrowelle schmelzen zu lassen. Kühlt die Frico-Scheibe dann aus, wird sie fest. Wenn sie über eine verkehrt aufgestellte Kompottschüssel gelegt wird, entsteht beim Auskühlen ein Körbchen. Das lässt sich gut mit Salat befüllen.

Adresse Trattoria Da Vanda, Via Erminia 9, 33033 San Martino di Codroipo (UD), www.facebook.com/Trattoriadavanda | **Zutaten** für 4 Pers.: 400 g Kartoffeln gekocht und gerieben, 400 g Montasio (6 – 12 Monate gereift), 1 große Zwiebel, Olivenöl, Salz, Pfeffer

45__Latteria

Feiner, milder Käse mit weiter Verbreitung

Er ist ein halbharter Käse aus Rohmilch und hat seinen Namen nach dem Entstehungsort: Aus Milch, italienisch *latte*, werden in einer *latteria* Milchprodukte erzeugt. Viele Gemeinden haben ihre eigenen Betriebe, die dem Latteria-Käse den Ortsnamen hinzufügen, um ihn näher zu definieren. Bekannt ist etwa der *Latteria* aus Aviano, Coderno oder Fagagna. Die Unterschiede der Rezepturen lassen sich schmecken, auch wenn die Grundcharakteristik des milden Geschmacks bleibt. Das unterscheidet den Latteria- vom Montasio-Käse, der ja auch ein halbharter Käse aus Rohmilch ist, aber nach strikten Regeln überall gleich erzeugt wird und einen kräftigeren Geschmack hat.

Latteria ist nicht gleich *Latteria*. Besonders interessant sind die »Latterie Turnarie«, das sind Kooperativen, in denen jeden Tag – eben im Turnus – der Reihe nach die Milch der Partner verarbeitet wird. Meist sind das kleine Milchproduzenten, oft auch Privatpersonen mit nur einer Kuh. Den Großteil des Käses vermarkten die Milchlieferanten selbst, ein kleiner Teil wird im Geschäft der *latteria* verkauft. Die Partner zahlen für die Verarbeitung pro Liter Milch. Die Quote dafür wird jährlich aus den Ausgaben der *Latteria* errechnet.

Im Jahr 1880 ist im Ort Forni Avoltri dieses System der Latterie Turnarie entstanden. Lange war es dann weit verbreitet. Heute ist nur noch eine Handvoll von Betrieben dieses Systems übrig. Renommiert ist die Latteria Turnaria in Campolessi, einem Ortsteil von Gemona del Friuli. 15 Partner arbeiten hier zusammen. Der *casaro*, der Käsemacher Alberto Boezio, betont: »Alle sind um eine besonders hohe Qualität bemüht. Die Slow-Food-Bewegung hat uns zu einem Presidio erklärt, einem besonders erhaltenswerten, traditionellen System der Käseerzeugung.« Stolz zeigt Alberto die Regale mit dem Latteria-Käse: »Etwa 2.000 Liter Milch verarbeiten wir pro Tag, das sind 30 köstliche Laibe.«

Adresse Latteria Turnaria Campolessi, Via San Marco 7, 33013 Gemona del Friuli (UD), www.latteriacampolessi.it; Latteria Borgo Riolo, Via Riolo 22, 33034 Fagagna (UD), www.latteriaborgoriolo.it; Latteria di Aviano, Via Vittorio Veneto 45, 33081 Aviano (PN), www.latteriadiaviano.it; Latteria Coderno, Verkaufsstellen siehe www.latteriacoderno.it | Tipp *Formaggio di Malga*, Almkäse, ist dem *Latteria* ähnlich. Eine Spezialität ist der *Çuç di mont*, der in über 1.200 Metern Seehöhe aus Rohmilch von Kühen gemacht wird, die nur Gras oder Heu als Futter bekommen. Maximal 15 Prozent Ziegenmilch kommen dazu. Die Alm Malga Losa von Luca Petris nahe Ampezzo/Karnien ist bekannt für ihren *Çuç di mont* (www.famigliapetris.com).

46 Montasio

Das Käse-Markenzeichen der Region

Er zählt zu den kulinarischen Wahrzeichen des Landes. Der *Montasio* mit seinen »Rädern« von etwa 30 Zentimetern Durchmesser ist benannt nach der Alm beim Jôf di Montasio, südöstlich von Tarvis nahe dem Skigebiet Sella Nevea gelegen und 2.753 Meter hoch. Der Berg bekam seinen Namen im 13. Jahrhundert und gehörte damals zum Grundbesitz des Benediktinerklosters von Moggio Udinese im Fella-Tal. Auf etwa 1.500 Metern Seehöhe liegt der Altopiano di Montasio, eine Hochebene, auf der einst die Mönche Käse herstellten.

Montasio wird aus frischer Kuhmilch bester Qualität, Salz und Lab (Kälber-Enzymen) nach strengen Regeln erzeugt. Die entsprechen der uralten Tradition, wurden aber in der 1924 in San Vito al Tagliamento gegründeten Molkereischule festgeschrieben. Inzwischen wird dieser Käse schon lange nicht mehr nur auf der Montasio-Hochebene, sondern in ganz Friaul-Julisch Venetien gemacht. Jeder echte *Montasio* ist zum Schutz dieses Käses auf der Rinde mit dem Markenzeichen des Konsortiums, des »Consorzio per la Tutela del Formaggio Montasio«, gekennzeichnet – samt einem Zifferncode für den Produktionsort plus Erzeugungsmonat und -jahr. Der frische *Montasio fresco* ist 60 bis 120 Tage gereift und hat einen milden Geschmack. *Montasio mezzano* reift fünf bis zehn Monate und entwickelt ein kräftiges Aroma. *Montasio stagionato* ist mehr als zehn Monate alt und schon sehr würzig. Und der *Montasio stravecchio* mit mindestens 18 Monaten eignet sich optimal zum Reiben. Der *Montasio* ist übrigens der einzige friulanische Käse mit der Qualitätsmarke DOP (Denominazione di Origine Protetta – geschützte Ursprungsbezeichnung).

Wer Bio-Qualität sucht, ist bei der Azienda Agricola La Sisile gut aufgehoben. Die ist in Talmassons zu Hause, aber erwerben kann man deren Käse nur in der zugehörigen Latteria in Turrida di Sedegliano. Auf den zertifizierten Bio-Montasio ist Käsemacher Roland Pressacco besonders stolz.

Adresse Consorzio per la Tutela del Formaggio Montasio, Vicolo Resia 1, 33033 Codroipo (UD), www.montasio.com; Latteria Biologica Friulana La Sisile, Via Montello 7, 33039 Turrida di Sedegliano (UD), www.aziendaagricolalasisile.it | Tipp Natürlich gibt es im Friaul überall *Montasio* zu kaufen. Doch ein Ausflug in seine Ur-Heimat auf die Montasio-Alm lohnt allemal. Dort wird der Käse im Sommer noch immer erzeugt, man kann ihn kosten und erwerben. Ein Teil der Kühe der Latteria La Sisile weidet auch dort.

47_Ricotta

Frischkäse aus der Molke

Auch wenn der frische Ricotta so aussieht: Er ist nicht das Gleiche wie Topfen/Quark. Denn zum Unterschied von diesem wird er nicht aus Frischmilch, sondern aus Molke gemacht. Die entsteht bei der Käseproduktion, wenn die Kuhmilch erhitzt wird. Für den Ricotta muss die Molke dann nochmals auf etwa 80 bis 90 Grad erwärmt und mit Magnesiumsulfat oder Zitronensäure versetzt werden. Wie der Name schon sagt, *ri-cotto* heißt »wieder gekocht«. So flockt das Milcheiweiß aus der Molke aus, diese Flocken werden abgeschöpft und in kleine Formen mit Gitterstruktur oder auch in Stoffsäcke gepresst. So der Ricotta nicht in seiner frischen Form konsumiert oder vermarktet wird, bekommt er nun Salz zugefügt, ehe er in Räucherkammern auf Gitter gelegt und geräuchert – *affumicato* – wird. So färbt sich der *Ricotta affumicata* außen braun und erhält seinen aromatischen Geschmack.

Die Ricotta-Produktion war und ist auf den friulanischen Almen durch die Molke-Verarbeitung das logische Begleitprodukt zum Almkäse. Wie überall in den Alpen hat die Almwirtschaft eine jahrhundertealte Tradition. Das Räuchern als eine Methode des Haltbarmachens gehörte bei Käse genauso dazu wie bei Fleischprodukten.

Scueta franta heißt auf Friulanisch der frische Ricotta, der mit Salz, Pfeffer und Kräutern gemischt und in Beutel gepresst wird. Er reift einige Wochen und gärt dabei. Eine Spezialität der Gegend des Canal del Ferro und des Kanaltals (Val Canale) ist der *Cuincir*. Dafür wird der frische Ricotta mit Salz, Pfeffer und Samen des wilden Kümmels, der auf den Almen wächst, aromatisiert. Dann reift er in Holzbehältern eineinhalb bis zwei Monate und fermentiert in dieser Zeit. So wird die weiche, cremige Masse haltbar und bekommt einen leicht säuerlichen, pikanten Geschmack. Im Sommer auf den Almen erzeugt, wird sie dann in der kalten Jahreszeit genossen – mit Polenta oder einfach aufs Brot gestrichen.

Adresse Cooperativa Agricoltori Valcanale – Caseificio di Ugovizza, Via Pontebbana 24, 33010 Ugovizza (UD), www.facebook.com/caseificiodiugovizza; Latteria Sociale di Cividale, Viale Libertà 46, 33043 Cividale del Friuli (UD), www.latteriacividale.it

48__Saurnschotte

Der Frischkäse aus Sappada

Wenn ein Käse den seltsamen Namen *Saurnschotte* trägt und mit *Pèrschtròmm* gewürzt wird, kann kein Zweifel bestehen: Er stammt aus Sappada, der höchstgelegenen Gemeinde Friauls im nordwestlichsten Teil der Friaulischen Dolomiten. Der Ort ist eine Sprachinsel, wo sich eine altdeutsche Sprache, das Plodarische, erhalten hat. Und deshalb gilt es zu lernen, dass *Saurnschotte* ein saurer Hüttenkäse, also ein Frischkäse ist, der mit wildem Estragon gewürzt wird.

Einst wurde er zur Wiederverwertung von sauer gewordener Milch verwendet, die vier Tage lang in Töpfen aus Gusseisen auf Holzöfen köchelte. Wie viele Traditionen drohte auch die Erzeugung des *Saurnschotte* in Vergessenheit zu geraten. Doch einige Bewohner von Sappada, unter anderem die Sterneköchin Fabrizia Meroi vom Ristorante Laite, taten sich zusammen und kreierten aus alten Rezepten eine moderne Herstellungsart. Als Slow-Food-Presidio-Projekt wird dem *Saurnschotte* nun in der örtlichen Latteria, dem Plodar Kelder, von den Schwestern Marta und Sara Piller Roner neues Leben verliehen – andere köstliche Käsevarianten von Kuh und Ziege gibt es dort natürlich auch.

Im Unterschied zu Ricotta, der nur aus Molke gemacht wird, entsteht der *Saurnschotte* aus Rohmilch. Die liefern die Bauern der Gegend. Im Edelstahl-Behälter wird, vereinfacht beschrieben, die Milch angesäuert und – wie die fürs Käsemachen verantwortliche Sara erzählt – bei etwa 44 Grad gehalten, bis die Gerinnung fertig ist. Dann tropft der Käse einen Tag ab und wird mit Salz, Pfeffer und Estragon vermischt. Dieses Kraut sammeln die Einwohner von Sappada, die *sappadini*, im Sommer auf Wiesen oder in Gärten, bevor es zu blühen beginnt. Die Blätter werden zerkleinert und, wenn nötig, eingefroren.

Der *Saurnschotte* ist ein Brotaufstrich mit besonderem Geschmack, eignet sich aber auch als Fülle für die *Gepitschta Kròpfn*, die den *Cjàrsons* ähnlichen Teigtaschen.

Adresse Latteria Plodar Kelder, Via Fontana 1, 33012 Sappada (UD), www.latteriasappada.it; Ristorante Laite, Borgata Hoffe 10, 33012 Sappada (UD), www.ristorantelaite.com

49 Aceto

Essig aus Trauben, Wein oder Äpfeln

Wieder einmal die alten Mesopotamier, Ägypter, Griechen und Römer! Sie alle wussten, dass man Wein in offenen Gefäßen stehen lassen kann, um eine würzige Flüssigkeit zu erhalten. Die Essigbildung ist also mehr als 4.000 Jahre alt. Mit zwei Gärprozessen – der Alkoholgärung und der Essigsäuregärung, die Alkohol in Essigsäure verwandelt – wird Essig hergestellt. Für den *Aceto di vino*, den Weinessig, dürfen die Essigsäurebakterien auf der Oberfläche offener Fässer mit Wein wachsen, zur Essigmutter werden und den Wein zum Essig machen. Das ist die gängige Methode, die – angewendet von vielen Winzern – zu erfreulichen Ergebnissen führt.

Josko Sirk und sein Sohn Mitja haben einen etwas anderen Weg gewählt, sie machen *Aceto d'uva*. Da wird nicht erst fertiger Wein produziert, der dann die Essigsäuregärung durchmacht, sondern die Trauben der Rebsorte Ribolla Gialla, die wegen ihres höheren Säuregehalts besonders geeignet sind, durchlaufen direkt sowohl die Alkoholgärung als auch die Essigsäuregärung. Das dauert von der Lese im Herbst bis zum nächsten Frühjahr. Erst wenn der Essig entstanden ist, wird gepresst. Dieser *aceto* reift dann drei bis vier Jahre lang in kleinen Holzfässern. Josko Sirk sagt nicht ohne Stolz: »Aus einer großartigen Traube wird ein großartiger Essig.« Der kann dann natürlich nicht nur für feine Marinaden verwendet werden, sondern auch für Soßen und Suppen, zu Frittata und Fisch genauso wie zu Sorbet und Beeren aller Art.

In Gegenden wie den Bergen Karniens, wo Weintrauben zur Essigerzeugung früher nicht zur Verfügung standen, wird traditionellerweise *Aceto di mele*, also Apfelessig, aus dem vergorenen Saft von einheimischen Äpfeln wie etwa denen des Betriebs Ecomela La Carnica in Verzegnis hergestellt. Auch bester Apfelsaft und Apfelwein entstehen hier. Doch *Aceto di mele* wird auch in der friulanischen Ebene produziert, etwa von der Azienda Marsoni in Varmo.

Adresse Acetaia Sirk della Subida, Via Subida 54, 34071 Cormòns (GO), www.acetosirk.it; Ecomela La Carnica di Ceschia Roberta, Via S. Stefano 11, 33020 Verzegnis (UD), www.ecomela.it; Società Agricola Marsoni Massimo e Alessandro, Via Levata 8/9, 33030 Varmo (UD), www.marsoni.it

50 Balsamico

Eine Sensation am Gaumen

Ein Stück Bitterschokolade oder Erdbeeren mit einem Tropfen des 50 Jahre alten Balsamico Asperum. Kleine Perlen aus zehn Jahre altem Balsamico auf Salat, Garnelen oder Fisch. Lauter phantastische Geschmackserlebnisse! Gloria Midolini führt die von ihrem Vater Lino gegründete Balsamico-Produktion in Manzano zu immer neuer Kreativität. »Mein Vater wollte stets das machen, was andere nicht machen, das ist auch heute unser Leitfaden, um immer neue Techniken und Geschmackskombinationen zu schaffen«, sagt Gloria.

Die Kunst, aus gekochtem Most Würzmittel zu erzeugen, kannten bereits die Römer. In Aquileia war Lino Midolini darauf gestoßen und brachte das Erhitzen des Traubenmosts im Friaul zur Höchstform, wie es sonst nur in Modena in der Region Emilia-Romagna geschehen ist. Der Most aus Refosco- und Friulano-Trauben wird bei Midolini etwa zwei Tage lang behutsam auf konstante 80 Grad erhitzt, so reduziert sich die Flüssigkeit um etwa 70 Prozent. Im Laufe der Jahre reift der Balsamico dann in immer kleineren Fässern aus edlen Hölzern wie Kastanie, Eiche, Kirsche, Esche, Wacholder, Robinie oder Maulbeere. Die Öffnungen werden nur mit einem Tuch abgedeckt, so verdunstet die Flüssigkeit, der Balsamico wird immer konzentrierter und nimmt Holzaromen auf. In der Balsamerie stehen weit mehr als 2.000 solcher Fässer. Von 100 Kilogramm Trauben bleiben nach 30 Jahren gerade einmal 100 Milliliter Balsamico.

Der älteste, schon herrlich dickflüssige Asperum des Sortiments ist 50 Jahre gereift, er setzt – tropfenweise – Speisen von Käse bis Fisch ein Geschmackskrönchen auf. Nur 5 Jahre gereift und versetzt mit 30 Prozent Weinessig, kommt der jüngste Asperum in den Verkauf. Stolz zeigt Gloria Midolini auch: Ein paar Tropfen vom jungen Asperum Millesimato verwandeln ein Glas mit Spumante (oder Soda) samt etwas Holundersirup und Eiswürfeln in einen ganz besonderen Sommerdrink.

Adresse Acetaia Midolini, Via delle Fornaci 1, 33044 Manzano (UD), www.midolini.com

51 Olio d'oliva

Olivenöl in Spitzenqualität

Bei der großen Olivenöl-Messe »Olio Capitale« in Triest können alljährlich die Geschmacksnerven trainiert werden. Die Vergleiche zeigen es: Olio Tergeste DOP, also die besten Olivenöle aus der Gegend von Triest, sind in der obersten italienischen Öl-Liga dabei.

In den Karsthügeln soll es schon in der Zeit der Phönizier Olivenbäume gegeben haben. Quer durch die Jahrhunderte existieren Zeugnisse über den Olivenanbau und die hohe Qualität des Karst-Öls. Immer wieder gab es aber Rückschläge durch schwere Frosteinbrüche, etwa 1782 und 1789, aber auch 1907, 1929 und 1956. Der Anbau reduzierte sich fast auf null. Seit den 1970er Jahren erwacht das Interesse am Olivenanbau jedoch immer mehr, auch rund um Gorizia, Udine und Pordenone.

Die Olivensorte *Bianchera* widersteht den kalten Stürmen des Karsts besonders gut. Die autochthone Sorte hat sich in San Dorligo della Valle, einem Vorort von Triest, ausgebildet. Sie reift spät. Der Name leitet sich ab vom Wort *bianco*, also der hellen Farbe der Oliven.

Für die beste Qualität steht die Bezeichnung »Tergeste DOP«. Tergeste war der lateinische Name von Triest, DOP bedeutet Denominazione di Origine Protetta, also geschützte Herkunft. Ein Tergeste-DOP-Öl extravergine wird aus *Bianchera*-Oliven kalt gepresst. Zu höchstens 20 Prozent dürfen Sorten wie etwa *Leccino, Frantoio, Maurino* oder *Pendolino* enthalten sein. Die Farbe goldgrün, der fruchtige Duft von mittlerer Intensität, der Geschmack von feiner bis mittlerer Würze (oft an Artischocken erinnernd), die Säure nicht über 0,5 Gramm pro 10 Gramm Öl – das ist ein Tergeste-DOP-Öl. Die Azienda Parovel und auch der Betrieb Fior Rosso spielen in dieser Top-Liga mit.

Zu den feinen Spezialitäten unter den Ölen zählt das Zitronenöl Lemoncelo der Azienda Sancin. Da werden die Oliven zusammen mit Bio-Zitronen gepresst, was ein faszinierendes Aroma ergibt. Es passt vorzüglich zu Fisch.

Adresse Cantina Parovel, Bagnoli della Rosandra 624, 34018 San Dorligo della Valle, www.parovel.com; Azienda Fior Rosso, Via Flavia di Aquilinia 420, 34018 San Dorligo della Valle, www.fiorrosso.it; Azienda Agricola Sancin, Monte d'Oro, Mont 173, 34018 San Dorligo della Valle, www.sancin.com

52 Aglio di Resia

Rosa Knoblauch mit zartem Geschmack

Das Resiatal (Val Resia) ist eine ziemlich abgeschiedene Gegend, eingezwängt zwischen Österreich und Slowenien. Rare Pflanzenarten haben sich hier erhalten. Der seit Urzeiten angebaute *aglio*, der Knoblauch, ist eine davon. *Rozajanski Strok* wird er in der resianischen Sprache genannt, die sich aus dem Slawischen herleitet. Typisch sind seine rosa Färbung und die regelmäßige kreisförmige Anordnung von sechs bis acht Zehen rund um den Stängel. Sein aromatischer, aber zarter Geschmack und Duft unterscheidet den Resia-Knoblauch von anderen Sorten und macht ihn so beliebt, nicht nur im Tal seiner Herkunft.

Gepflanzt wird im November. Wenn die Triebe im Frühjahr wachsen, werden die Spitzen mit den Blütenansätzen abgeschnitten und zum Kochen verwendet. Pflanzen, bei denen das nicht geschieht, werden etwa 60 Zentimeter hoch und bilden Brutzwiebeln, die wiederum für den nächsten Anbau verwendet werden können. Lieber benutzen die Knoblauch-Bauern dazu allerdings einige der schönsten Zehen, die bei der Ernte Anfang August ausgewählt werden. Wenn der Knoblauch aus der Erde gezogen wird, kann er in Büschel gebunden oder zu Zöpfen geflochten unter den Dächern der Bauernhäuser und Scheunen trocknen. Die Schar der Fans dieses Knoblauchs wächst, er macht schließlich Klassiker wie geröstetes Brot mit Öl oder *Spaghetti aglio, olio e peperoncino*, Suppen und vieles mehr zu Spezialitäten. Auch zur Wursterzeugung wird er gern verwendet.

Einst lebten im Val Resia viele *arottini*, Scherenschleifer, die durch die ganze Region und bis Ljubljana und sogar Wien zogen, um Messer und Scheren zu schärfen. Sie verkauften auch Gemüse aus dem Tal, ihren Knoblauch inklusive. Heute ist der *Aglio di Resia* ein Presidio Slow Food, das heißt, ein Netzwerk engagierter Landwirte, Händler und Verbraucher kümmert sich um seine Erhaltung als traditionelles resianisches Produkt.

Adresse Associazione Aglio di Resia – Rozajanski Strok, Via Prato 7/a, 33010 San Giorgio di Resia (UD), www.agliodiresia.it | Tipp Jeden August, wenn die Knoblauchernte beendet ist, wird im Val Resia eine »Festa dell'Aglio«, also ein Knoblauch-Fest, gefeiert. Da wird gekocht, Musik gemacht, die Produzenten bieten ihren frischen Knoblauch an, auch als Creme oder eingelegt im Glas.

53__Asparago

Es sprießt der Spargel in der Ebene

An »großen, wunderschönen Spargel« erinnerte sich im 18. Jahrhundert der Habsburgerkaiser Karl VI. nach einem Besuch des »Collio« genannten Hügellandes. Seine Tochter Kaiserin Maria Theresia liebte diese Delikatesse ebenso und förderte den Verkauf des *Asparago* nach Wien. In weiten Teilen der friulanischen Ebene auf insgesamt etwa 250 Hektar wächst heute Spargel, die Orte Tavagnacco bei Udine, Fossalon di Grado und Gorgo di Latisana sind die bekanntesten Anbauzentren. Dort finden die beliebtesten Spargelfeste statt. Aber auch in Tricesimo, Reana del Rojale, Fiumicello oder weiter westlich in Varmo und Cordenons bei Pordenone wird von April bis Anfang Juni feiner Spargel gestochen, mit speziellen Messern, die den Namen *sgorbia* tragen.

Der weiße Spargel Friaul-Julisch Venetiens ist als eigene Sorte im Register der traditionellen Agrarprodukte Italiens PAT (Prodotti Agroalimentari Traditionali) eingetragen. Die beste Qualität – gezogen nach strengen Regeln – trägt die Marke AQUA.

Doch auch grüner und violetter Spargel treten immer mehr in den Vordergrund. Während weißer Spargel gestochen wird, ehe die Köpfe die Erde durchbrechen, wachsen Triebe an der Sonne als grüner Spargel. Da muss kein Unterschied der Sorte bestehen. Der violette hingegen ist eine eigene Sorte, meist der ligurische *Violetto di Albenga*, auch seine Triebe dürfen oberirdisch weiterwachsen.

Die Liste der Spargelrezepte ist lang, außer den Klassikern – gekocht, überbacken, mit Käse, Prosciutto, im Risotto – erobern auch neue Kombinationen die Feinschmecker: kurz gedünsteter grüner Spargel, in Stückchen geschnitten, mit einer Marinade aus Öl, weißem Balsamico, Salz und Pfeffer und frischen Erdbeeren obendrauf. Oder: Roher violetter Spargel »à la julienne« geschnitten, mit einer Marinade aus Sauvignon, Öl und Salz, darüber verstreut rote Pfefferkörner und etwas Dill – eine köstliche Vorspeise.

Adresse Kooperative Agricoop Asparagi Tavagnacco, Via dell'Asilo 1, 33010 Tavagnacco (UD), www.aqua.fvg.it/asparago; Società Agricola Marsoni Massimo e Alessandro, Via Levata 8/9, 33030 Varmo (UD), www.marsoni.it; Azienda Agricola Del Zotto Luca, Via Maestra 109, 33084 Cordenons (PN), www.facebook.com/ciasadriussa

54_Brovada

Gesäuerte weiße Rüben

Sie gehört zu den traditionellsten Speisen in Friaul-Julisch Venetien, die *Brovada* ist zweifellos eine Säule der winterlichen Küche. Schon die Römer kannten nachweislich das Haltbarmachen von Rüben durch Säuern. Um *Brovada* zu erzeugen, braucht es nicht nur weiß-lila Steckrüben, sondern auch Trester, also die Reste der Trauben, die nach dem Pressen übrig bleiben. Und so beginnt die Brovada-Produktion gleich nach der Weinlese. Trester und Rüben (ohne ihre Blätter) werden in abwechselnden Schichten in Bottiche gemeinsam mit Salz, Kräutern und Essig eingelegt. Die Milchsäuregärung dauert bis zu zwei Monate. Dann sind die Rüben gesäuert, und ihr Inneres ist leicht rosa geworden. Sie werden gereinigt und grob gerieben oder »à la julienne« geschnitten. Rund um den Martinstag am 11. November kommt diese rohe *Brovada* überall auf die Märkte und in die Lebensmittelgeschäfte, meist jeweils ein Kilogramm im Plastikbeutel.

Jetzt sind die Köchinnen und Köche an der Reihe. Mit fein gehackter Zwiebel, Knoblauch, Salz und Pfeffer muss die *Brovada* auf kleiner Flamme mindestens zwei Stunden lang köcheln, besser viel länger, zum Aufgießen dient Gemüsebrühe. Oft werden gegen Ende des Kochvorganges die Kochwürste *Musetto* oder *Cotecchino* beigefügt. Das verleiht der *Brovada* zusätzlichen Geschmack. Mit diesen in Scheiben geschnittenen Würsten wird sie dann serviert, und sie ist nach jedem Aufwärmen noch würziger. Beliebt ist sie als Silvester- oder Neujahrsessen, steht aber den ganzen Winter lang auf dem Speiseplan, auch als Beilage zu Schweinefleisch oder verarbeitet zu Suppen, indem sie mit Bohnen, Kartoffeln und/oder Gemüse gemischt wird.

2011 wurde die *Brovada* mit der geschützten Ursprungsbezeichnung DOP (Denominazione di Origine Protetta) als typisches Qualitätsprodukt – mit sehr wenigen Kalorien, aber besonders vielen Nährstoffen – geadelt.

Zutaten für 1 kg *Brovada:* 1 kg rohe Brovada, 1 Zwiebel, 2 Knoblauchzehen, 2 Lorbeerblätter, Salz und Pfeffer, Olivenöl, etwa ½ l Gemüsebrühe

55__Brovadâr

Eine rare Variante gesäuerter Rüben

Nein, auch wenn der *Brovadâr* wie die *Brovada* aus gesäuerten Rüben gemacht ist, man darf ihn nicht mit dieser verwechseln. Die *Brovada* ist im ganzen Friaul verbreitet, der *Brovadâr*, auch *Brovedâr* genannt, ist eine Spezialität der Gegend von Moggio Udinese. Das liegt an der Einmündung des Aupa-Tals in das Tal des Flusses Fella. Im Ort Dordolla wird alljährlich eine »Festa del Brovadâr« gefeiert. Aus nah und fern kommen die Gäste in den von hohen Felswänden eingerahmten kleinen Ort, um Speisen mit diesen gesäuerten Rüben zu kosten.

Aus einer uralten Samensorte wachsen hier seit jeher rosa-weiße Rüben in den Gärten und werden für den Winter haltbar gemacht. Weil es in den Bergen keinen Weinbau, also auch keinen Trester gibt, wie er bei der *Brovada* verwendet wird, entstand eine andere Methode des Säuerns: Die Rüben werden nach dem ersten Frost geerntet (das macht sie süßer), dann samt ihren Blättern in kaltem Wasser gewaschen und kurz aufgekocht. Ausgekühlt werden sie mit den Händen in einen Bottich gepresst. Von diesem leitet sich der Name der Spezialität ab. Zuletzt werden Kohlblätter daraufgelegt. Kaltes Salzwasser wird darübergegossen, in anderen Teilen Karniens wird Obstmost verwendet. Damit alles bedeckt bleibt, wird der Deckel mit einem Stein beschwert. Etwa zwei Monate dauert die Fermentation. Dann kann der *Brovadâr* verwendet werden. Früher entnahmen die Hausfrauen jeweils nur so viel aus dem Bottich, wie gerade gebraucht wurde. Fein geschnitten werden diese Rüben, wie der bekannte Koch dieser Gegend Denis Filaferro beschreibt, als Beilage zu Fleisch, als Gemüsesuppe mit Bohnen oder mit Rollgerste verkocht. Alles gibt es bei der *festa* in Dordolla zu probieren.

In Moggio Udinese pflegt besonders auch die Frauengruppe »Donne e Brovadâr« die uralte Tradition. Und um dieses kulinarische Kulturgut zu erhalten, ist der *Brovadâr* auch ein Presidio der Slow-Food-Bewegung.

Adresse Associazione Pro Loco Moggese, Piazzetta Sandro Pertini 5, 33015 Moggio Udinese (UD), www.moggioudinese.info; Locanda degli Artisti, Piazza Uffici 9, 33015 Moggio Udinese (UD), www.locandadegliartisti.eatbu.com

56__Carciofi

Artischocken – gedünstet oder frittiert

Erst seit einigen Jahren widmen sich Landwirte im nördlichen Friaul den *carciofi*, den Artischocken – was im Bergland wegen der Kälteempfindlichkeit der Pflanzen ein Abenteuer darstellen kann. In der Lagune von Grado eignet sich das Klima besser. Dort gedeiht besonders die aus Venedig stammende Sorte *Carciofo violetto di Sant'Erasmo*. Kein Wunder, Grado und Venedig sind historisch schließlich sehr verbunden.

Viele Freunde hat ein Rezept aus Triest: Maria Stelvio hat in ihrem Kochbuch »La Cucina Triestina« 1927 beschrieben, wie einfach *Carciofi alla triestina* zuzubereiten sind. Die Stängel, die harten äußeren Blätter und die Spitzen werden entfernt, die *carciofi* auseinandergedrückt, auch um Härchen und ledrige Mittelblättchen zu entfernen. Nach einiger Zeit in Zitronenwasser werden sie mit einer Mischung aus Semmelbröseln, Knoblauch, Petersilie, Öl, Salz und Pfeffer gefüllt und eng nebeneinander in einen Topf gestellt. Wasser wird bis auf halbe Höhe der Artischocken eingegossen, zugedeckt köcheln sie auf kleiner Flamme, bis das Wasser verdampft ist. Sie werden kalt oder warm gegessen.

Beliebt sind auch die *Carciofi alla giudia* (Artischocken auf jüdische Art). Das Rezept wurde vermutlich von spanischen Juden nach Rom gebracht, doch es hat sich bis nach Triest verbreitet. Schließlich gab es in dieser Vielvölkerstadt über Jahrhunderte eine stattliche jüdische Gemeinde. Und so findet man diese Zubereitungsart in Triestiner Lokalen, aber auch in Udine. Die *carciofi* – vor allem die runde Sorte *Mammole* – werden von äußeren Blättern und Spitzen befreit, in Zitronenwasser gelegt, abgetrocknet und mit den Stängeln nach oben bis zur Hälfte für etwa zehn Minuten in erhitztes Olivenöl (mittlere Temperatur) getaucht. Anschließend dreht man sie zur Seite, nun gart auch der Stängel. Zuletzt gibt man sie nochmals kopfüber ins heiße Öl. So bekommen sie ihre goldbraune Farbe.

Adresse Hostaria Alla Tavernetta, Via di Prampero Artico 2, 33100 Udine, www.allatavernetta.com | Zutaten für *Carciofi alla triestina* (4 Pers.): 8 große Artischocken, für die Fülle ein Büschel Petersilie gehackt, 2 zerdrückte Knoblauchzehen, 4 EL Semmelbrösel, Saft einer Zitrone, 4 EL Olivenöl, Salz, Pfeffer, bei mancher Rezeptvariante auch 3 gehäufte EL Montasio-Käse (mehr als 18 Monate gereift)

57__Cavolo cappuccio

Zarter Kohl aus Collina di Forni Avoltri

Sie können schon einen Durchmesser von 30 Zentimetern haben und zwei Kilogramm schwer werden, die Kohl-Köpfe aus Collina, einem Ortsteil von Forni Avoltri. Hier, auf knapp 1.300 Metern Seehöhe, zu Füßen des Monte Cogliàns, einer der höchsten Gipfel der Karnischen Alpen, wächst an Gemüse nicht mehr viel, aber der *cavolo cappuccio*, auf Friulanisch *cjapût* oder *chiaput* genannt, fühlt sich hier wohl – auf terrassierten Flächen. Die Samen werden in den Familien von Generation zu Generation weitergegeben. Etwa 120 Tage braucht er zum Wachsen. Erntezeit ist zwischen Ende September und Ende Oktober.

Seine Blätter sind außen hellgrün und innen leicht rosa. Bei Kühlschranktemperatur von acht bis zehn Grad hält er sich lange frisch. Sein zarter, leicht pikanter Geschmack kommt roh als Salat gut zur Geltung. Ein beliebtes, einfaches Rezept ist der *Cavolo con i ciccioli*, also Kohl mit kleinen Speckwürfelchen. Diese werden in einer Pfanne mit gehackter Zwiebel in etwas Butter oder Schmalz oder Öl angebraten, und etwas Mehl wird dazugegeben, bis sie Farbe bekommen. Dann wird der in schmale Streifen geschnittene Kohl dazugemischt. Mit ein paar Löffeln Wasser soll das Ganze zugedeckt etwa eine Stunde lang gedünstet werden, bei geringen Mengen entsprechend weniger lang. Mit Salz, Pfeffer und einem Schuss Essig wird abgeschmeckt, und fertig ist eine köstliche Beilage zu Fleisch, Würsten oder Polenta. Der bekannte Koch Federico Mariutti mischt in seiner Osteria Turlonia in Fiume Veneto auch gern Äpfel zum *cavolo cappuccio di Collina*.

Als sogenanntes *craut grap* wurde dieser Weißkohl früher für lange Winterzeiten in den Bergen haltbar gemacht. In Streifen geschnitten schichtet man ihn dazu abwechselnd mit grobem Salz in einen Bottich, dessen Deckel mit einem Gewicht beschwert wird. So fermentiert der Weißkohl zum Sauerkraut, ist nach etwa 45 Tagen genussfertig und bis zu zwei Jahre haltbar.

Adresse Osteria Turlonia, Corso Italia 5, 33080 Praturlone di Fiume Veneto (PN), www.osteriaturlonia.it | Zutaten für *Cavolo con i ciccioli* (4 Pers.): 1 kg Weißkohl in feinen Streifen, 60 g Pancetta (Bauchspeck) gewürfelt, 1 große Zwiebel gehackt, 1 EL Mehl, ein Schuss Essig, Salz, Pfeffer

58 Ciliegia di Tarcento

Eine selten gewordene Kirschensorte

Berühmt ist in dem kleinen Ort Tarcento im nordöstlichen Hügelland so mancherlei. Das *Pignarûl*, ein riesiges Epifaniefeuer, die Tradition kunstvoll aus Holz geschnitzter Karnevalsmasken namens *Tomàts* und eine ganz besondere Kirschensorte: die *Ciliegia duracina di Tarcento*, auch *Tarcentina* genannt. Klein ist sie und knackig (deshalb der Name *duracina*, *duro acino* heißt harte, kleine Frucht), ganz dunkel, besonders saftig und im Geschmack sehr süß mit einem leichten Bitterton. Sie reift spät.

Schon im 19. Jahrhundert war sie so geschätzt, dass sie nicht nur ins benachbarte Österreich, sondern auch nach Bayern, Sachsen und sogar nach Russland exportiert wurde. Früher gab es in der Gegend Tausende Kirschbäume. Heute sind nur noch wenige zu finden, in privaten Gärten, zum Beispiel wenn man vom Zentrum von Tarcento in die Ortsteile Coja und Sammardenchia oben in den Hügeln fährt. Die Bäume werden entweder gar nicht oder zu einer niedrigeren Krone geschnitten. Hier kann man die Kirschen in der Reifezeit, der zweiten Junihälfte, von den Bewohnern bekommen, sonst nur auf lokalen Wochenmärkten. Im größeren Stil vermarktet werden sie nicht mehr.

Anfang der 1960er Jahre hat ein schwerer Hagel etwa die Hälfte der Bäume der Gegend so stark geschädigt, dass sie eingegangen sind. Viele Einheimische sind in der Nachkriegszeit zum Arbeiten ins Ausland gegangen. Diese zwei Faktoren waren der Anfang vom Ende der Blütezeit der *Ciliegia duracina di Tarcento*. Auch die schweren Erdbeben 1976 haben viele landwirtschaftliche Aktivitäten zum Erliegen gebracht. Die junge Generation interessiert sich nur noch wenig für das aufwendige Kultivieren und Ernten der Kirschen. Und so ist die *Ciliegia duracina* heute eine wertvolle Rarität. Roh gegessen, in Grappa eingelegt, zu Sirup oder Marmelade verkocht – sie ist in jeder Form delikat und eben ein bisschen anders als andere Kirschen.

Tipp Die »Festa di San Pietro e della ciliegia duracina« findet immer an den Tagen rund um den 29. Juni, den Festtag des heiligen Petrus, des Patrons von Tarcento, statt. Sonntags füllen dann Hunderte Marktstände aller Art den Ort, doch nur am Hauptplatz werden wenige Kirschen angeboten. In der Kirche mit einer schönen Petrus-Statue wird ein Festgottesdienst gefeiert (www.comune.tarcento.ud.it).

59 Cipolla Rossa

Die rote Zwiebel aus Cavasso Nuovo und Val Cosa

Zwiebelschneiden ohne Weinen – das geht mit der *Cipolla Rossa*, der roten Zwiebel, die nur in Cavasso Nuovo nördlich von Spilimbergo und den Orten des nahen Cosa-Tals angebaut wird. Im Geschmack mild und leicht süßlich, ist sie ein von Köchinnen und Köchen begehrtes Produkt. »Bis in die 1960er Jahre haben die Bäuerinnen der Gegend mit dieser speziellen Zwiebelart den Familien ein wichtiges Zusatzeinkommen verschafft«, erzählt Adriana Carpenedo, »nach den Erdbeben von 1976 war das vergessen, erst seit etwa 2010 wird die Cipolla Rossa wieder beachtet.« Adriana, ihr Mann Silvano (viele Jahre Bürgermeister von Cavasso Nuovo und danach ein paar Jahre Präsident der Associazione Produttori Cipolla Rossa) sowie ihr Sohn Gianni haben damals mit dem Anbau von 500 Zwiebeln begonnen. Heute lassen sie auf ihren Feldern pro Jahr etwa 70.000 Zwiebeln wachsen. Gepflanzt werden sie im März und April, geerntet Anfang bis Mitte August, alles in Handarbeit, inklusive des Entfernens von Unkraut – das aber wachsen darf, wenn es gilt, die Zwiebeln vor zu viel Regen oder Hagel zu schützen. Nach dem Trocknen der Zwiebeln auf luftigen Regalen bindet Adriana sie kunstvoll zu Hunderten Zöpfen, friulanisch *riesti*, so wie es einst die Bäuerinnen taten. Zum Flechten wird nicht nur das Zwiebelkraut verwendet, sondern auch das *palut* genannte Gras (die *Segge Carex pendula*), so bleiben die Zöpfe stabil.

»Die Nachfrage ist enorm, wir kommen gar nicht damit nach, den Kunden die *Cipolla Rossa* zu liefern«, berichtet Adriana. Die Associazione der Produzenten in Cavasso Nuovo hat schließlich nur fünf Mitglieder. Jeweils bis zum Dezember sind die meisten Zwiebeln verkauft, auf Märkten, bei Veranstaltungen, direkt an Privatpersonen und Restaurants. Verkocht, gegrillt, überbacken, zu Chutney oder Marmelade verarbeitet oder auch roh – alles delikat mit dieser *Cipolla Rossa*, einem Slow-Food-Presidio-Projekt.

Adresse Azienda Agricola Gianni Carpenedo, Via Aldo Moro 3, 33092 Cavasso Nuovo (PN), www.agricolacarpenedo.com; Associazione Produttori Cipolla Rossa di Cavasso Nuovo, Via Roma 3, 33092 Cavasso Nuovo (PN), www.associazionecipollarossadicavasso.it

60_Fagioli

Die bunte Welt der karnischen Bohnen

»Die Bohne findet sich in allen Suppen unserer Bauern, man isst sie mit Gerste, Kartoffeln, Brovada, Kohl, Nudeln, Kürbis und Reis.« So schrieb der Volkskunde-Forscher Valentino Ostermann 1894 in einem Artikel über das Leben im Friaul. Im 19. Jahrhundert, so ist an anderer Stelle zu lesen, wurden pro Person und Jahr 15 Kilogramm Bohnen gegessen, heute sind es nur noch etwa 3.

Um die Vielfalt der Bohnensorten im weitläufigen Bergland Karniens wird von verschiedensten Seiten gekämpft, auch von der Slow-Food-Bewegung. Ein paar Beispiele zeigen, was es zu erhalten gilt: Eine der besten lokalen Sorten ist *Fagiolo cesarins*, die ihren Namen von der Ähnlichkeit zu Erbsen hat, friulanisch *cesarons*. *Fagiolo dal Santisim*, die Allerheiligsten-Bohne oder Adlerbohne, ist an einem dunklen Fleck, der an eine Monstranz oder einen Adler erinnert, zu erkennen. Ein kleines dunkles Auge hat *Fagiolo dal voglùt* (»Äuglein«). Ebenfalls ein dunkles Auge weist *Fagiolo antico di San Quirino* auf. Weil diese Bohne besonders delikat ist, kostete sie im 19. Jahrhundert mehr als Hafer oder Mais. *Fagiolo militons* zählt zu den produktivsten Kletterbohnen, muss aber etwas länger gekocht werden als andere. Es gibt auch verschiedene Varianten der Borlotti-Familie: *Borlotti della Carnia, di Pesariis, Fiorina* und die kleine *Laurons*.

Diese und viele andere Kletterbohnen sind die Leidenschaft von Graziella Serafin. Sie und ihre Tochter Caterina Romanelli betreiben am Südrand von Udine den Bio-Landwirtschaftsbetrieb L'Orto Felice. Zum Glück dieses Gartens gehören Samen von etwa 70 alten Bohnensorten. Nicht alle, aber viele werden jedes Jahr angebaut. »Sie hier in der Ebene zu ziehen wird schwieriger, weil es immer heißer wird. Bohnen brauchen den Wechsel von warm und kühl, den die Berge bieten«, sagt Graziella, ist aber entschlossen, gemeinsam mit ihrer Tochter weiter engagiert zum Erhalt vieler alter Sorten beizutragen.

Adresse Azienda Agricola L'Orto Felice, Via dei Carlini 31, Località Baldasseria Media, 33100 Udine, www.ortofelicebio.com | Tipp Sauris, die deutsche Sprachinsel in den Bergen, ist bekannt für seine *fava*, eine Ackerbohne, die im dortigen Dialekt *poan* heißt (das deutsche Wort Bohne ist erkennbar). Die *Fave dei morti*, die »Bohnen der Toten«, wurden anlässlich von Todesfällen gegessen. Hier liegt die Wurzel der gleichnamigen, heute als süße Kekse bekannten Allerheiligenspezialität.

61__Figo Moro da Caneva

Die schwarze Feige aus Caneva

Sie ist eine wenig bekannte, aber besonders köstliche Spezialität des Friaul: *Figo Moro*, die schwarze Feige, eine Sorte, die es nur in der Gegend von Caneva gibt, einem kleinen Ort nahe Sacile, knapp an der Grenze zum Veneto. Der Boden hier ist reich an Kalziumkarbonat, das fördert das Gedeihen dieser Feigensorte bis auf fast 450 Meter Seehöhe.

Der Legende nach waren diese Feigen in getrockneter Form auch auf den Handelsschiffen Venedigs ein beliebter Proviant. Bauern aus Caneva haben 2006 ein Konsortium gegründet, um den Erhalt des *Figo Moro* zu sichern. Etwa 800 antike Feigenbäume wachsen hier, aber auch viele junge in diversen Plantagen. Geerntet wird im August und im September. Diese sehr süße Feige ist inzwischen ein Markenzeichen der Gegend geworden und hauptsächlich hier zur Erntezeit zu bekommen.

Sie erfreut den Gaumen vielfältig, frisch gegessen mit *prosciutto crudo* oder Käse, genauso aber verarbeitet zu Konfitüre oder Soße. Auch die Früchte zu karamellisieren lohnt sich, Profi-Köche kombinieren sie gern auf verschiedenste Weise mit Fleisch. Ein Beispiel: Entenbrust mit karamellisierter Feige und Rosmarinkartoffeln.

Es ist nicht schwer, die Feigen selbst zu karamellisieren: In einem großen Topf werden die Feigen stehend nebeneinander positioniert und bis auf halbe Höhe mit einer Mischung aus zwei Dritteln Wasser und einem Drittel Rum übergossen. Dann bekommt noch jede ein ordentliches Häubchen aus Kristallzucker. Auf kleiner Flamme eine bis eineinhalb Stunden köcheln lassen. Die so karamellisierten Früchte lassen sich gleich verzehren oder zur Konservierung heiß in Schraubgläser legen, mit dem Sirup übergießen und kopfüber auskühlen. Oder vielleicht doch lieber eine Topfen-/Quarkcreme mit *Figo Moro* probieren? Dazu einfach frischen Topfen/Quark mit heißem Kaffee, etwas Zucker und schwarzen Feigen pürieren – ein köstliches Dessert.

Adresse Consorzio del Figo Moro da Caneva, Via Meschio 11, 33070 Caneva (PN), www.figomoro.it | Tipp Zur Erntezeit der Feigen im August findet in Caneva das Fest »In Campagna col Figo Moro« statt, mit Kochvorführungen, Führungen zu den Feigenbäumen und Verkaufsständen, an denen nicht nur die Feigen, sondern auch andere Produkte der Gegend angeboten werden. Infos zu Datum und Programm der Veranstaltung gibt es auf der Homepage des Consorzio.

62 Frittata alle erbe

Nicht einfach ein Kräuter-Omelett

»Andar per erbe«, Kräuter sammeln gehen in Feld, Wald und Wiese, ist besonders im Frühling eine beliebte Beschäftigung, nicht nur für den Kräuterexperten und Koch Ennio Furlan. Auf den Märkten sind auch viel frisches Grün sowie die nötigen Eier zu finden. So kommen die Zutaten für eine *Frittata alle erbe* ins Haus, die typischste Frittata des Friaul.

Wenn also zum Beispiel der Wilde Hopfen (italienisch *luppolo*, friulanisch *urticjòn*) oder die zarten Spitzen des Leimkrauts (italienisch *erbe del cucco*, friulanisch *sclòpit*) zu sprießen beginnen, die jungen Brennnesseln (italienisch *ortica*, friulanisch *urtije*) wachsen oder auch die ersten Blätter des Löwenzahns (italienisch *tarassaco*, friulanisch *tale*), dann ist es Zeit, Eier zu verquirlen und sie mit diesen Kräutern zu vermischen (roh oder blanchiert, jedenfalls klein geschnitten). Auch manches aus dem Garten wie Basilikum, Fenchelgrün, Zitronenmelisse, Minze oder Schnittlauch, Spinat, Erbsen, Spargel oder Zwiebeln werden je nach Jahreszeit verwendet. Deftiger wird die Sache mit Speck-, Salsiccia- oder Salami-Stückchen oder mit geriebenem Käse.

Nein, die friulanische Frittata ist nicht einfach ein Omelett, betonen Einheimische. Traditionell wird nicht – wie in anderen Regionen Italiens – Milch, Wasser oder Mehl zu den Eiern gemischt, ehe sie in die Pfanne kommen. Eier und Kräuter reichen. Eine gute Frittata ist innen eine besonders schaumige, weiche Masse, zwei bis drei Finger hoch, also viel höher als ein gewöhnliches Omelett, mit einer zarten Kruste außen. Wichtig, damit die Frittata schön hoch wird: Die Pfanne darf nicht zu groß sein! Für eine Frittata mit 4 Eiern reicht eine mit 16 Zentimetern, bei 8 Eiern eine mit 24 Zentimetern Durchmesser. Die Eier werden mit einer Gabel verquirlt, aber nicht zu stark, denn zu viele Luftblasen verhindern, dass die Frittata gut durchbrät. Gewendet wird sie mit Hilfe eines Deckels.

Zutaten für 4 Pers.: 8 Eier, 50g Kräuter, 60g Butter (für die Pfanne), Salz, Pfeffer | Tipp Im Buch »Erbe … e dintorni« (Kräuter und Ähnliches) des Kräuterexperten und Kochs Ennio Furlan findet sich viel Wissenswertes über Wildkräuter im Friaul – für alle, die Italienisch können.

63__Jota triestina

Die Lieblingssuppe der Triestiner

Bohnen, Sauerkraut, Kartoffeln, Speck oder Selchfleisch – so einfach sind die wichtigsten Zutaten der *Jota*, der in Triest heiß geliebten Suppe. Stolz weisen die Triestiner darauf hin, dass sie eine mehr als 500-jährige Tradition habe und nicht wegzudenken sei, besonders wenn im Winter der eiskalte Wind Bora bläst. In der Antica Trattoria Suban lässt sich das aufs Feinste überprüfen. Der Name *Jota* soll sich von *jutta*, dem lateinischen Wort für Brühe, ableiten.

Das triestinische Sauerkraut wird anders hergestellt als das in Deutschland und Österreich. *Capuzi garbi* ist die regionale Bezeichnung für *cavolo cappuccio bianco*, den Weißkohl (was in Österreich und Süddeutschland Kraut und Kohl sind, heißt im nördlicheren Deutschland Weißkohl und Grünkohl). Der wird in Streifen geschnitten und mit Salz, Zucker, Lorbeer und Wasser in einem verschließbaren Behälter vergoren. Aber: *Capuzi garbi* gibt es überall fertig zu kaufen.

Eine *Jota*-Variante: Bohnen am Vortag einweichen. *Pancetta* (geräucherter Bauchspeck) und Lorbeer in Öl anbraten, die Bohnen und Wasser dazugeben und etwa eine Stunde kochen lassen. Dann die geschälten, würfelig geschnittenen Kartoffeln hinzufügen, mit Salz und Pfeffer würzen und eine weitere halbe Stunde kochen lassen. In einer zweiten Pfanne *Pancetta* und Knoblauch anbraten, das Sauerkraut sowie etwas Mehl, Wasser und Kümmel zugeben. Circa 20 Minuten kochen lassen. In einer dritten Pfanne Speck und Zwiebeln anbraten, Mehl anschwitzen. Alles zusammenmischen, mit Salz und Pfeffer abschmecken. Mit jedem Aufwärmen wird die *Jota* noch besser.

Giuseppina Perusini Antonini beschreibt in ihrer Sammlung historischer Rezepte eine für Karnien typische *Jota* mit Bohnen und *Brovada*, den gesäuerten Rüben. Diese Art ist auch in Gorizia zu finden. Im Val Pesarina nördlich von Tolmezzo wird eine *Jota* ohne Sauerkraut oder *Brovada* gekocht, dafür mit Bohnen, Polentamehl und Gemüse.

Adresse Antica Trattoria Suban, Via Emilio Comici 2, 34128 Triest, www.suban.it | Zutaten für 4 Pers.: 300 g Bohnen, 500 g Sauerkraut, 2 große Kartoffeln, 2 x 100 g Pancetta, 100 g Lardo (Speck), 2 Knoblauchzehen, 1 Zwiebel, 75 g Mehl, ½ Teelöffel Kümmel, 1 Lorbeerblatt, Olivenöl, Salz, Pfeffer | Tipp Als Beilage zur *Jota* oder auch in sie hineingeschnitten spielen Würste eine Hauptrolle, vor allem die aus Slowenien stammende, leicht geräucherte *Salsiccia di cragno*, die Krainer Wurst.

64_Lupini

Lupinen-Samen als Proteinbombe

»Hier habe ich eine Spezialität für Euch, die Ihr vermutlich noch nicht kennt.« Bepi hält einen Becher in der Hand. »Ecco, semi di lupini!« Samen von Lupinen hat er gebracht. Und er erzählt, dass sie früher in armen Bauernfamilien ein wichtiges Nahrungsmittel waren. Die Weiße Lupine *lupinus albus* wuchs in den Gärten nicht nur der Schönheit ihrer Blüten wegen, sondern aufgrund der Nahrhaftigkeit der Samen. Sie hat einen besonders hohen Gehalt an Proteinen, Eisen, Kalzium, Phosphor und Vitamin B. Ein friulanisches Sprichwort sagt: »Se tu mangiis luvins e tu ti voltis indaùr, tu viodaras cualchidun a mangjà li scussis.« Übersetzt: »Wenn du Lupinen isst und dich umdrehst, wirst du sehen, dass jemand sogar die Hülle der Samen noch isst.«

Lange waren *Lupini* als Nahrungsmittel fast vergessen, doch mit dem steigenden Interesse an veganer und vegetarischer Ernährung erfahren sie heute wieder mehr Aufmerksamkeit. Wo man getrocknete Bohnen erwerben kann, sind inzwischen immer öfter auch die getrockneten Lupinensamen zu finden, in Lebensmittelgeschäften auch vorgekocht verpackt. Frisch geerntet sind die Samen ungenießbar und sehr bitter. Sie müssen erst konsumierbar gemacht werden. Für etwa drei Stunden müssen sie in frisches, immer wieder gewechseltes Wasser (getrocknete Samen mindestens 24 Stunden). Sind sie nicht mehr bitter, werden sie in Salzwasser gekocht. Dann schmecken sie gut mit Öl und Salz. Eine Art veganer »Käse« entsteht, wenn die gekochten Samen von ihrer Hülle befreit und mit Öl, Salz, Pfeffer, Kräutern und Gewürzen nach Belieben zu einer dicken Creme püriert werden. In eine Form mit Frischhaltefolie eingefüllt, ist diese Creme nach einer Nacht im Kühlschrank wie Streichkäse verwendbar.

Gemeinsam mit anderem Mehl wird das Mehl aus getrockneten *Lupini* verarbeitet. In den Bergen Karniens wurden die *Lupini* früher auch geröstet als Kaffee-Ersatz verwendet.

Tipp Weil sich das Bittere oft hartnäckig hält, wird das Kochen in Salzwasser gern zweigeteilt. Die Samen kochen erst eine halbe Stunde, dann kommen sie nochmals für eine Weile in frisches, kaltes Wasser, ehe sie mit neuem Salzwasser eine weitere halbe Stunde gekocht werden.

65__Mele

Typisch friulanische Äpfel

Der Apfel auf einem Mosaik in Aquileia aus dem 1. Jahrhundert vor Christus beweist: Schon die Römer bauten hier diese Früchte an. Die *Mela Maziana*, der nach dem Römer Caio Mazio benannte Apfel, gilt als dessen Züchtung, die von Aquileia aus sogar bis nach Rom gebracht wurde.

Heute sind die *mele*, die Äpfel, die meistangebauten Früchte im Friaul, mehr als die Hälfte der Obstgärten sind ihnen gewidmet. Besonders in den Gegenden von Maniago, Sequals, Spilimbergo, Codroipo und Mortegliano werden Apfelplantagen gepflegt. Nicht zu vergessen das Tal des Natisone nahe Cividale del Friuli. Es heißt, früher sei dort frisch gewaschene Wäsche neben Äpfel der Sorte *Zeuka* gestellt worden, um deren intensiven, frischen Duft anzunehmen.

Solch autochthone Apfelsorten sind inzwischen Nischenprodukte, aber besonders in Karnien noch zu finden. *Ruggine*, *Marc Panara*, *Calvilla Bianca*, *Chei di Rosa*, *Giallo di Priuso* sind solch alte Sorten, die wegen ihrer geschmacklichen Balance zwischen Süße und Säure geschätzt werden. Bei der alljährlichen Apfel-Ausstellung »Mostra Regionale della Mela« in Pantianicco nahe Codroipo werden sie präsentiert. Aber natürlich auch die modernen Apfelsorten wie Granny Smith, Golden Delicious, Modi oder Gala, die wirtschaftlich den Großteil des Marktes ausmachen. Bei der Schau sind sie schön in Steigen geschlichtet ein Augenschmaus. Die besten Äpfel werden hier ausgezeichnet. Im September steht die Stadt Tolmezzo bei der »Festa della Mela« im Zeichen des Apfels.

Um den kulinarischen Wert des friulanischen Apfels nicht in Vergessenheit geraten zu lassen, wurden beim Forschungsprojekt »Il tempo della mela« (Die Zeit des Apfels) der Universität Udine 300 Rezepte aus Restaurants, Trattorien und Privathaushalten zusammengetragen und publiziert. Von Räucherforelle mit Apfelgelee über Apfelrisotto bis zur Entenbrust mit Apfelsoße – ein köstliches Geschmackspanorama!

Adresse Pro Loco Pantianicco, Via Caterina Percoto 28, 33036 Pantianicco (UD), www.prolocopantianicco.it; Azienda Sapori Dimenticati (Bäume/Pflanzen/Früchte alter Sorten), Via Amati 10, 33092 Fanna (PN), www.saporidimenticati.it | Tipp Eine Publikation der Universität Udine auf Italienisch: »Il tempo della mela: ricette e profumi in Friuli Venezia Giulia« von Nicola Gasbarro, Maria Cristina Nicoli, Giannina Vizzotto.

66 Miele

Honig für jeden Geschmack

Neben Maurizio Zaninis Haus in einem Vorort von Tolmezzo blüht eine riesige Linde, umschwärmt von Tausenden Bienen, begleitet von intensivem Summen. Imker Zanini lächelt, wenn er das sieht. Vor gut 60 Jahren hat sein Vater die Imkerei, die *apicoltura*, gegründet. Heute sind es etwa 700 Bienenstöcke mit Bienen der Arten *Carnica* und *Ligustica*, die von der Ebene bis hinauf in die Berge wechselnd an unterschiedlichen Orten aufgestellt werden. In normalen Jahren entstehen 14.000 Kilogramm Honig, bei einem kalten, nassen Frühjahr nur etwa ein Viertel davon.

Auch Bio-Honig wird erzeugt. Für diesen dürfen die Bienenstöcke nicht in der Nähe intensiver Landwirtschaft oder von Siedlungsgebieten stehen, und die Bienennahrung (Canna, Fruktose) muss aus biologischer Kultur stammen. Maurizios Sohn Fabrizio ist für den Bio-Honig zuständig und in der Region der größte Produzent von Gelée royal, dem wertvollen Sekret, das Bienenköniginnen als Nahrung dient und bei Menschen das Immunsystem und die Leistung stärken hilft. *Miele di tiglio* (Lindenblüten), *Miele di acacie* (Akazien), *Miele di rododendro* (Almrausch) und *Miele di millefiori* (ein Blütenmix) oder *Nociomiel* (Honig mit Nüssen) – die Auswahl im kleinen Shop der Imkerei ist groß.

Zanini mag hier als Beispiel für zahlreiche Imker in ganz Friaul-Julisch Venetien mit qualitätsvollem Honig stehen. Hervorgehoben sei aber noch: In San Giovanni del Timavo nahe Duino sammelt die Azienda Farma Jakne der Familie Peric Auszeichnungen für einen ganz besonderen Honig, den *Miele di marasca*. *Marasca* ist eine im Karst rar gewordene, wilde Kirschenart (*Prunus mahaleb*, zu Deutsch Steinweichsel oder Felsenkirsche). Sie blüht früh, höchstens zehn Tage im April. Deshalb ist es sehr vom Wetter in dieser Zeit abhängig, ob es diesen Honig gibt. Der delikate Geschmack erinnert an Mandeln. Als Presidio Slow Food soll der Schutz dieser Rarität gesichert werden.

Adresse Apicoltura Zanini, Via Betania 17, 33028 Tolmezzo (UD), www.facebook.com/p/Apicoltura-Zanini; Azienda Agricola Farma Jakne, San Giovanni del Timavo 23, 34011 Duino (TS), www.facebook.com/p/Jakne-100063549821163

67 More di Gelso

Helle und dunkle Maulbeeren

Ai Gelsi, Al Gelso – etliche Namen von Restaurants erinnern daran, wie sehr der *gelso*, der Maulbeerbaum, früher im Leben der Menschen am Land verankert war. Denn dieser Baum wurde oft zwischen den Feldern gepflanzt, um seine Blätter für die Aufzucht von Seidenraupen zu verwenden – bis in die 1960er Jahre ein wichtiges Nebeneinkommen für die Bauern. Und so zählten auch die Früchte dieses Baums, die Maulbeeren, im Sommer als traditionelles Obst zum normalen Ernährungsplan. Heute sind sie auf den Speisekarten kaum zu finden, aber in mancher Familie ist der Genuss dieser Frucht noch beliebt.

Es gibt weiße und dunkle Sorten, seltener auch welche mit rötlichen Früchten. Die weißen *More di gelso bianche* sind süß und im Geschmack weniger intensiv, aber mit einem feinen Vanille-Ton. Die dunklen *More di gelso nere* schmecken erfrischender, ein bisschen wie eine Mischung aus Heidelbeeren, Weintrauben und Brombeeren. Letzteren ähneln sie auch in der Form, beides sind Sammelfrüchte, also aus vielen kleinen Früchtchen zusammengesetzt (Achtung: Ohne den Zusatz *gelso* heißen auch die Brombeeren auf Italienisch *more*). Gesundheitsbewusste freuen sich, dass diese Beeren besonders viele Mineralstoffe, Spurenelemente und auch Resveratrol enthalten, das im Körper Schäden durch freie Radikale bekämpft.

Die Maulbeeren werden am besten frisch gegessen, etwa als Ergänzung zu Obstsalat. Oder sie werden zu Konfitüre verarbeitet. Dazu Maulbeeren, den Saft von zwei Zitronen und Zucker vermischen und über Nacht in den Kühlschrank stellen. Am nächsten Tag aufkochen. Es muss kein Pektin zugefügt werden, die Konfitüre bekommt auch so die richtige Konsistenz.

Frische Maulbeeren lassen sich nur schlecht lagern, wohl aber trocknen. Der Geschmack dieser *More essiccate* ist natürlich noch süßer, ähnlich den Rosinen. Und auch der Maulbeer-Likör ist eine feine Sache.

Zutaten für Maulbeer-Konfitüre (circa 500 g): 1 kg Maulbeeren, Saft von 2 Zitronen, 300 g Zucker | Tipp Wer einen Maulbeerbaum im eigenen Garten pflanzen will: Im Sommer ein Ästchen von einem *gelso* abschneiden, die Blätter bis auf die obersten zwei entfernen, in feuchter Erde bewurzelt so ein Steckling gut. Nach etwa fünf Jahren gibt es die ersten Früchte.

68 Pere Klotzen

Birnen aus dem Dreiländereck

Wie prachtvoll sie im Frühjahr blühen! In Camporosso bei Tarvisio, nahe der Grenze zu Österreich, wurden im Jahr 1879 anlässlich der Eröffnung der Eisenbahnlinie Udine – Tarvisio etwa 50 Birnbäume gepflanzt, verschiedene Varianten der hier *Pere Klotzen* genannten Sorten *Pyrus communis*, also Mostbirnen. Heute sind diese Bäume in der Via Stazione an die 20 Meter hoch. Sie und auch ähnliche der Sorte *Pyrus nivalis*, der Schneebirne, sind Symbole für den Ökotyp, der im Dreiländereck Friaul, Kärnten und Slowenien heimisch ist.

Im friulanischen Valcanale, dessen Fortsetzung Canal del Ferro sowie in den Tälern Val Dogna, Val Raccolana, Val Resia und Val Aupa werden sowohl die Bäume und als auch ihre Früchte *Pere Klotzen* genannt. Der so gar nicht italienisch klingende Name Klotzen weist auf die traditionell deutschsprachige Bevölkerung dieser Gegend hin. In Kärnten heißen sie *Kletzen*, in Slowenien *Tepka*.

Der aus den Früchten hergestellte Most heißt auch im friulanischen Valcanale *Most*, ein leicht alkoholisches, süßsaures Getränk mit natürlicher Kohlensäure. Berühmt sind die getrockneten Klotzen. Dazu wurden früher in den Bauernhäusern ganze Birnen auf dem *Stube* (wieder ein deutsches Wort) genannten Kachelofen postiert und getrocknet. Heute geschieht das in Dörröfen. So sind sie monatelang haltbar und stehen für verschiedene traditionelle Gerichte zur Verfügung. Etwa für die Klotzennudeln, die in Kärnten Kletzennudeln heißen. Das sind Teigtaschen, die mit einer Mischung aus Ricotta, Zwiebeln und getrockneten Klotzen gefüllt sind. Letztere werden etwa eine Stunde lang weich gekocht und fein zerkleinert, die Zwiebeln in Butter angebraten, und dann wird beides mit Ricotta gemischt. Der Teig wird aus Mehl, Öl, Wasser und Ei geknetet. Auch Risotto kann mit Klotzen zubereitet werden. Klotzenbrot wird aus einer Mischung aus Klotzen, Vollkornmehl sowie Nüssen und Gewürzen gebacken.

Zutaten für Klotzennudeln (4 Pers.): für den Teig 130 g Mehl, 1 EL Sonnenblumenöl, circa 0,1 l lauwarmes Wasser, 1 Ei; für die Fülle 500 g getrocknete Pere Klotzen, etwas Butter, ½ Zwiebel, 200 g frischen Ricotta; zum Servieren zerlassene Butter darübergießen

69__Pesche di Fiumicello

Die Pfirsiche aus Fiumicello

Wenn sich im Frühling die Gegend zwischen Grado und der Mündung des Isonzo rosa färbt, dann blühen die Pfirsiche, die *pesche*. Von knapp 80 Hektar Pfirsichplantagen im Friaul werden etwa 40 Hektar hier im wichtigsten Anbaugebiet bewirtschaftet. Im Ort Fiumicello hält man die Pfirsich-Tradition hoch. Seit 1959 sind jedes Jahr bei der »Mostra Regionale Delle Pesche«, der großen Pfirsich-Schau im Juli, die speziellen heimischen Sorten zu bestaunen und zu kosten, mit gelbem oder weißem Fruchtfleisch, außerdem auch die Nektarinen. Die besten werden prämiert.

Es war ein Mann mit enormer Beharrlichkeit, der sich ab den 1930er Jahren ganz dem Züchten von Pfirsichsorten verschrieben hat: Cavaliere Pietro Martinis (1902–1969) wird der »Papà delle pesche nel Isontino«, also der »Vater der Pfirsiche im Mündungsgebiet des Flusses Isonzo«, genannt. Mehr als 200 verschiedene Sorten hat Martinis in intensiver Arbeit gezüchtet, er hat damit experimentiert, wie sich Sorten entwickeln lassen, die für den Boden und das Klima dieser Isontino genannten Gegend besonders geeignet sind. Sorten, die möglichst nicht alle gleichzeitig, sondern von Anfang Juli bis Ende August der Reihe nach reif werden sollen. In Zusammenarbeit mit anderen Agronomen und Forschern hat er der Gegend Bleibendes hinterlassen: Etwa 100 Martinis-Sorten werden noch heute in der Gegend angebaut.

Nicht nur bei der Pfirsich-Schau werden Spezialitäten serviert, ein Pfirsich-Risotto zum Beispiel, das wie ein normales Risotto zubereitet wird (aufgegossen mit Weißwein), nur dass etwa zur Hälfte der Kochzeit kleine Stücke geschälter Pfirsiche dazugemischt werden. Gezuckerte Pfirsichhälften kurz auf den Grill gelegt, ergeben eine geschmackvolle Nachspeise. Als erfrischender Aperitif lockt die *Piarsolada*, eine Art Bowle aus Pfirsichstücken, Weißwein, Zucker und Zitronensaft, die mindestens eine Stunde im Kühlschrank verbracht hat.

Zutaten für Pfirsich-Risotto (4 Pers.): 350 – 400 g Reis, 3 große Pfirsiche geschält und in kleine Stücke geschnitten, ½ Zwiebel, ⅛ l Weißwein, 1,5 l klare Gemüsebrühe, 4 EL geriebener Käse, Salz, Pfeffer; für *Piarsolada* (4 Pers.): 4 nicht zu weiche Pfirsiche, ¾ l Weißwein, Zucker und Zitronensaft nach Geschmack, eventuell etwas Grappa

70 Polenta

Das Grundnahrungsmittel aus Maismehl

Friaul-Julisch Venetien ohne Polenta? Undenkbar! Sie war und ist *das* tragende Lebensmittel, vom Frühstück über das Mittagessen bis zum Abendessen, als Hauptspeise oder als Beilage zu dem, was einst die *Cucina povera*, die »arme Küche« bot. Heute wird gelbe Polenta zu fast allem serviert. Zum Fisch an der Küste gibt es wegen ihres zarteren Geschmacks die weiße Polenta. Sie wird aus dem Mehl weißer Maissorten hergestellt, die neben dem gelben und dem dunkelroten Mais auf den Feldern noch zu finden sind.

Speziell bekannt ist der *Blave di Mortean*, der Mais aus Mortegliano, erzeugt in der gleichnamigen Kooperative. Rund um diesen Ort im Herzen der Region und des Maisanbaus werden vorzugsweise nur im Friaul heimische Sorten angebaut. Gemahlen werden die Maiskörner in traditionellen Mühlen. Es gibt von den Bergen bis zur Ebene noch viele teils kleine Mühlenbetriebe, die in Kooperation mit Bauern besonderes Qualitätsmaismehl erzeugen. Der Molino Persello in Colloredo di Monte Albano, der Molino Zoratto in Codroipo und der Molino di Godo in Gemona del Friuli sind drei von ihnen.

Polenta selbst zu kochen ist einfach, erfordert aber Geduld: Das Maismehl wird in kochendes Salzwasser (oder halb Wasser, halb Milch) langsam eingerührt, damit sich keine Klumpen bilden. Am besten erst einen Schneebesen, dann einen Holzlöffel verwenden. Nach etwa 20 Minuten des Rührens beginnt sich die Polenta von der Topfwand zu lösen, doch es muss weitergerührt werden, insgesamt bis zu 45 Minuten lang. Etwas Butter dazugeben und am Ende die Polenta auf ein Brett stürzen.

Traditionell wird die Polenta nicht mit dem Messer, sondern von unten her mit einem Faden in Stücke geschnitten. Eine feine Vorspeise ist *Toc' in braide*, eine ganz weiche Polenta (zubereitet mit mehr Milch), die in der Mitte eine Insel aus einer Creme von zerlassenem Käse bekommt. Darüber wird etwas in Butter angebratenes Maismehl gestreut.

Adresse Società Cooperativa Agricole La Blave di Mortean, Via Flumignano 23/3, 33050 Mortegliano (UD), www.lablavedimortean.com; Antico Molino F.lli Persello, Via Gino Nais 23, 33010 Colloredo di Monte Albano, www.molinopersello.it; Molino Zoratto, Via Molini 70, 33033 Codroipo (UD), Tel. +39/0432/906143, E-Mail: molinozoratto@gmail.com; Molino di Godo, Via della Roggia 52, 33013 Gemona del Friuli, www.facebook.com/MulinodiGodo | Zutaten für 4 Pers.: 350 g Polentamehl, 1,5 l Wasser, 1 EL Salz, 1 TL Butter

71_Riso

Die wiederbelebte Reis-Tradition

Der Ort Paradiso knapp 30 Kilometer südwestlich von Udine ist tatsächlich ein Paradies, eines für die Erzeugung von Reis. Domenico Fraccaroli freut sich: »Im Jahr 2010 haben wir mit 4 Hektar begonnen, jetzt sind es schon 18 Hektar! Wir sind der einzige Reisproduzent der Region. Anfangs war es spannend, ob unser Reis den Menschen schmecken würde. Das tat er! So können wir heute im Schnitt 50.000 Kilogramm pro Jahr ernten.« Die Sorte heißt *Vialone Nano* (Zwerg-Vialone), hat rundliche Körner und wird auch im benachbarten Veneto angebaut. Von dort, aus Verona, stammt die Familie Fraccaroli.

Im Jahr 1958 kam Großvater Domenico Fraccaroli nach Paradiso und begann mit dem Anbau von Obst und Tabak. Sein Sohn Tiziano konzentrierte sich dann auf den Weinbau. 2010 fing dessen Sohn Domenico, studierter Agronom und jetziger Chef des Betriebes, mit dem Reisanbau an. Der hatte einst in der Gegend Tradition: Schon um 1750 ist die erste *risaia* nachgewiesen, aber Anfang des 20. Jahrhunderts schloss der letzte Betrieb.

Die Ebene um Paradiso bietet für den Reisanbau beste Voraussetzungen, vor allem durch die Grundwasserquellen, die *risorgive*, von denen frisches Wasser in Rohrleitungen zu den nahen Feldern fließen kann. Der Reis wird im Frühjahr mit Saatgut von der Vorjahresernte gesät und im Oktober geerntet. In den Gebäuden in Paradiso wird er bei 38 bis 40 Grad getrocknet und dann geschält beziehungsweise geschliffen. Dieser *Vialone Nano*, ideal für Antipasti und Risotto, ist ein *semilavorato*, also halbgeschliffener Reis, der noch mehr Ballaststoffe und Vitamine enthält als der klassische, vollständig geschliffene. Zu erwerben ist er in der hauseigenen Frasca, der Buschenschank, in Paradiso und in einigen Spezialitätengeschäften der Region. In der Frasca gibt es auch ein aus Reis und Gerstenmalz gebrautes Bier. Domenico Fraccarolis nächstes Projekt: Nudeln aus Reis.

Adresse Azienda und Frasca Domenico Fraccaroli, Via S. Ermacora 16, 33050 Paradiso di Pocenia (UD), www.domenicofraccaroli.com | Tipp In dem Gebäudekomplex lässt sich auch fein speisen. Die Familie Cengarle führt mit großem Engagement die Trattoria Al Paradiso (www.trattoriaparadiso.it).

72__Rosa di Gorizia

Ein Radicchio als Hit für Auge und Gaumen

Sie ist die schönste und auch die delikateste Radicchio-Sorte – die *Rosa di Gorizia*. Knackig, mit elegantem Bitterton, eine Slow-Food-gekrönte Rarität. Traditionell wird die *Rosa* roh gegessen. Sie wird halbiert, der Strunk nachgeschnitten, gebratene Speckwürfel und etwas Balsamico werden darüber verteilt. Beliebt ist auch eine Marinade aus Olivenöl, Essig, gebratenen Speckwürfeln, weich gekochten, pürierten Bohnen und gehacktem hartem Ei.

Anders als die meisten Radicchio-Sorten, die aus dem Veneto – etwa aus Treviso – stammen, wird diese *Rosa* nur in Friaul-Julisch Venetien und zwar in und um Gorizia angebaut. Schon 1873 schrieb Baron Carl von Czoernig-Czernhausen im Buch »Gorizia – la Nizza austriaca« von der *Cicoria rossastra*, der rötlichen Zichorie. Der Ökotypus *Rosa di Gorizia* entstand durch Selektion der Samen jener Pflanzen, die die schönste Rosenform entwickelten. Jeder der nur etwa zwölf Züchter hütet seine Samenauswahl wie einen Schatz.

Ausgesät wird im April in gut durchlässigem Boden, damit durch Regen keine Staunässe und Fäulnis entstehen. Die Ernte beginnt nach dem ersten Frost im November. Die Minusgrade färben die Blätter dunkelrot. Jetzt werden die Pflanzen mit der Wurzel aus der Erde gezogen und – zu Büscheln zusammengebunden – in dunkle Keller gestellt. Auch Bunker aus dem Zweiten Weltkrieg bekommen so noch eine nützliche Funktion. Ohne Licht wird die *Rosa di Gorizia* bei 10 bis 15 Grad bis zu einem Monat feucht gehalten, aus den inneren Blättern entsteht die Rose. Die äußeren Blätter faulen ab, sukzessive werden sie in Handarbeit entfernt. So fallen gut 70 Prozent weg, ehe die *Rosa* verkaufsfertig ihre Schönheit zeigt.

Verwandte der *Rosa* sind der gelbgrüne, zum Teil rot geäderte oder rosafarbene *Canarino*, der einfachere *Rosso di Gorizia* mit etwas gefederten Blättern oder die *Rosa Isontina*, die nahe dem Fluss Isonzo, etwa im Ort Fiumicello, angebaut wird.

Adresse Associazione Produttori Radicchio Rosso di Gorizia o Rosa di Gorizia e Canarino di Gorizia, Via del Montesanto 133, 34170 Gorizia; Azienda Massimo Santinelli, www.rosadigorizia.com | Tipp Die *Rosa di Gorizia* gibt es auch in Öl eingelegt oder als Creme. Der *Grappa al Radicchio Rosa di Gorizia* spiegelt das zarte Aroma der Pflanze. All das findet man in der »Bottega Rosa di Gorizia« auf der Außenseite der schönen Jugendstil-Markthalle von Gorizia in der Via Boccaccio 9. Die Gemüsehändler in dieser Halle bieten die frische *Rosa* von Dezember bis Februar an.

73_Zafferano

Das »rote Gold« namens Safran

20.000 Blütengriffel für 125 Gramm gebrauchsfertigen Safran. Das klingt nicht nur nach viel Arbeit, das ist es auch. Denn am Feld müssen die noch geschlossenen Blüten natürlich mit der Hand aus der Pflanze gezupft werden und danach die orangeroten Fäden, eigentlich die Stempel, aus der Blüte. Seit 2011 machen das Walter Zamuner und seine Familie in San Quirino nördlich von Pordenone immer zwischen Mitte Oktober und Mitte November. »Getrocknet werden die *pistilli*, die Fäden, bei 40 Grad. Da sind sie haltbarer, als wenn mit höherer Temperatur gearbeitet wird«, erläutert Zamuner. So ist das »rote Gold« drei Jahre lang als edles Gewürz verwendbar. Ab Januar kann man Zamuners biozertifizierten Safran in kleine Gläser gefüllt bei ihm in San Quirino oder online beziehen.

Die Klimaveränderung der letzten Jahre macht den Safran-Anbau immer herausfordernder. Als Zamuner begann, regnete es noch viel mehr. Jetzt kämpft er gegen die Trockenheit. Verschiedene Pilz- und Bakterien-Krankheiten setzen dem Safrankrokus *Crocus sativus* zu. Dass Hasen und Wildschweine ein Safranfeld als Delikatessenladen empfinden, ist auch nicht hilfreich. So hat Zamuner im Jahr 2023 etwa 15.000 neue Knollen gesetzt. Im August wird gepflanzt, ab Mitte Oktober erscheinen die Blüten, im Dezember die Blätter, die bis Juni wieder eingezogen sind. Dann werden die Knollen aus dem Feld genommen – bis zur Neupflanzung im August.

Es heißt, Safran mache gute Laune, stärke Herz und Kreislauf sowie das Nerven- und Immunsystem. Also eine Menge Gründe, das Gewürz nicht nur des Geschmacks wegen zu nützen, klassisch im Risotto oder in einem *Purè di patate*, einem Kartoffelpüree. Für die Geschmacksentwicklung ist es wichtig, den Safran vor Gebrauch ein paar Stunden einzuweichen – für das *Purè* in einer Tasse warmer Milch, ehe alles mit Kartoffeln, Butter, Käse, Salz und Muskatnuss verrührt wird.

Adresse Walter Zamuner – Zafferano di San Quirino, Via Cesare Battisti 4a, 33080 San Quirino (PD), www.zafferanosanquirino.com | **Zutaten** für *Purè allo zafferano* (4 Pers.): 1 kg gekochte, zerdrückte Kartoffeln, 200 ml Milch, 30 g Butter, 30 g geriebener Käse, 15 g Safran, Salz, Muskatnuss | **Tipp** Mitten in der friulanischen Ebene zieht William Venier ebenfalls Safran in seinem Betrieb »Zafferano delle Terre di Mezzo« in der Via Massimo d'Azeglio 21/4 in Gradisca di Sedegliano (UD).

74__Asparago selvatico

Der gesuchte Wilde Spargel

Eine kleine Straße im Karstgebirge oberhalb von Triest. Es ist Ende April. Rundum Gebüsch und kleine Bäume. Plötzlich stehen in dieser Wildnis eine Menge Autos. Auf den ersten Blick ist nicht zu erkennen, warum. Dann taucht eine *signora* auf, sichtbar zufrieden, mit einem Büschel grüner Stängel in der Hand. Alles klar! Viele Triestiner sind um diese Jahreszeit auf der »Jagd« nach dem *Asparago selvatico,* auch *Asparago di bosco*, dem Wilden oder Wald-Spargel (*Asparagus acutifolius*). Der wächst auf den steinigen Böden des Karsts, neben Wegen, an Mauern und Felshaufen. Auch am Tagliamento und in den Karnischen Voralpen ist er zu finden. Hauptsache, es ist ein sonniger Platz.

Geübte Triestiner benutzen gebogene Messer, um die obersten 15 Zentimeter der dünnen jungen Triebe abzuschneiden beziehungsweise unverholzte Teile auszustechen. Die Vorschriften besagen: Pro Person und Tag darf höchstens ein Kilogramm mitgenommen werden. Wer sich nicht selbst durch steiniges Ambiente auf die Suche begeben will, findet den Wilden Spargel in der Saison auch in der Stadt auf Märkten und in Gemüsegeschäften – zu stattlichen Preisen. »Er schmeckt würziger als gezüchteter Spargel und hat noch mehr Vitamine«, ist die *signora* überzeugt und schaut stolz auf die Stängel, die sie aus dem Gestrüpp geholt hat. Ob sie die kurz bissfest als Beilage kochen wird oder klein geschnitten zu einem Risotto oder einer Frittata verarbeiten wird oder püriert zu einer cremigen Suppe, will sie noch überlegen. Den Geschmack schätzten schon die alten Ägypter, und die Griechen setzten auf die Wirkung des *Asparago selvatico* als Aphrodisiakum.

Erkennen lässt sich der Wilde Spargel leicht. Die jungen Triebe sehen wie normaler grüner Spargel aus, nur viel dünner. Und die ausgewachsenen Triebe sind ziemlich stachelige, nadelige Gewächse, die den auswachsenden Trieben auf Spargelfeldern sehr ähnlich sehen.

Tipp Als Wilder Spargel werden fallweise auch zwei andere Pflanzen bezeichnet: die jungen Triebe des *Luppolo*, also des Echten Hopfens (*Humulus lupulus*) oder die des *Pungitopo*, auf Deutsch Stechender Mäusedorn (*Ruscus aculeatus*), der ausgewachsen spitz zulaufende kleine Blätter hat. Vorsicht beim *Pungitopo*, er kann leicht giftig wirken!

75_Castagne & Marroni

Kein Herbst ohne Kastanien und Maroni

Oktober ist Kastanienzeit. Geröstete *castagne* und dazu das erste Glas Ribolla Gialla, der noch nicht ganz Wein, sondern eher noch Most und süß ist – eine Tradition, die auch bei vielen Kastanienfesten gepflegt wird. Die finden im Herbst sowohl in den westlichen Voralpen Karniens als auch in den östlichen Julischen Voralpen statt – überall dort, wo Kastanien und Maroni gesammelt beziehungsweise geerntet werden. *Castagne* stammen von wild wachsenden Bäumen, *marroni* von kultivierten, gezüchteten Pflanzen.

Die kleine *Castagna Canalutta*, benannt nach einem Ort bei Torreano, ist im Natisone-Tal und in der Gegend von Faedis zu Hause. Zur »Festa delle castagne« oben am Berg in Valle di Soffumbergo strömen an Oktoberwochenenden Besucher aus nah und fern. Neben der schmalen Straße erheben sich im Wald prächtige Kastanienbäume. Beim Fest sind geröstete Kastanien zu genießen sowie Kastaniensuppe, -crespelle (Crêpes), -frico (Käsefladen) und -kuchen sowie ein prächtiger Blick hinunter auf die Ebene. In den Hügeln rund um das Natisone-Tal ist auch die *Castagna Obiacco* zu Hause. Das Kastanienfest in Tribil Superiore nahe der Grenze zu Slowenien heißt »Burnjak«, nach dem slowenischen Wort *Burja* für Kastanie.

Nördlich von Pordenone bei Polcenigo, Budoia und Caneva sind *Marrone Striato del Landre* (benannt nach der Valle del Landre) und die *Castagna di Mezzomonte* zu finden. Dort oben am Berg werden zum Teil über 100 Jahre alte Bäume kultiviert, und die »Sagra della Castagna« findet großen Zuspruch. Bis nach dem Zweiten Weltkrieg brachten die Frauen von Mezzomonte die Maroni den mühsamen Weg hinunter nach Polcenigo, um sie gegen Bohnen, Mais oder Weizenmehl einzutauschen. Die *Castagna Marrone di Vito d'Asio* wird in der Gegend des gleichnamigen Ortes nahe dem Tagliamento kultiviert. Überall waren die Kastanien früher ein wichtiger Teil der Ernährung, oft *Pane dei poveri* genannt, Brot der Armen.

Adresse »Festa delle castagne« Valle di Soffumbergo, www.prolocovalledisoffumbergo.it; »Burnjak« di Tribil Superiore, www.burnjak.eu; »Sagra della Castagna« Mezzomonte (Polcenigo), www.facebook.com/p/Pro-Loco-Mezzomonte | **Tipp** Wer ganz stilecht friulanisch genießen möchte, findet die passende Tischwäsche bei Carnica Arte Tessile, wo Leinen auf traditionelle Art mit alten Mustern gewebt wird (www.carnica.it).

76 Radìc di Mont

Der wilde Milchlattich aus den Bergen

»Am Wochenende war ich beim Monte Zoncolan. Der *Radìc di Mont* wächst schon, ich habe welchen mitgebracht!« Der Koch und Kräuterexperte Ennio Furlan weiß, wo der Bergradicchio zu finden ist. Im Mai wächst er auf Almen in über 1.000 Metern Seehöhe in den Karnischen Bergen, aber auch weiter westlich in den Friaulischen Dolomiten, jedenfalls sobald der Schnee geschmolzen ist. Die Plätze werden von den Eingeweihten geheim gehalten, ähnlich wie diejenigen, an denen man Pilze findet. Nur etwa zwei Wochen lang darf der *Radìc di Mont* – friulanisch *Lidric di Mont* genannt, auf Deutsch Milchlattich, botanisch *Cicerbita alpina* – gepflückt werden, am besten wird er mit den Fingern abgezwickt, um nur ja nicht die Wurzel zu verletzen. Ein Kilogramm pro Person und Tag ins Tal zu tragen, ist erlaubt. Kontrollen der Forstaufsicht sind häufig. Schließlich muss diese Pflanze geschützt werden. Was auch in Form eines Presidio der Slow-Food-Organisation geschieht.

Ihn selbst zu sammeln, ist also nicht zu empfehlen, besser, man verlässt sich auf die Hinweise der Einheimischen, in welchen Trattorien er auf dem Speisezettel steht. Ein Hotspot diesbezüglich ist das Hotel Ristorante Park Oasi von Mauro Löwenthal im Ort Arta Terme unweit von Tolmezzo. Mauro geht sammeln, seine Frau Gabriella weiß die Küche zu dirigieren. Als Salat mit Kräutern sowie als gedünstete Beilage zu Fleisch und Wurst ist der Geschmack des *Radìc di Mont* delikat, aber auch im Risotto oder in Backteig frittiert.

Traditionsgemäß wird das wohlschmeckende Gewächs oft haltbar gemacht, um es das ganze Jahr genießen zu können. Dazu wird der *Radìc* in Öl oder süßsauer eingelegt. Das machen einige kleine Produzenten wie Ezio della Mea in Chiusaforte oder Luigi Faleschini in Pontebba. So sind Gläser mit dem *Radìc di Mont* in Geschäften zu finden, die typische Produkte Karniens vertreiben, etwa im »Spaccio formaggi« in Ugovizza bei Tarvisio.

Adresse Hotel Park Oasi, Viale delle Terme 15, 33022 Arta Terme (UD), www.hotelparkoasi.it; Azienda Agricola Faleschini Luigi, Via Zardini 15, 33016 Pontebba (UD), www.agricolafaleschini.it; Azienda Agricola Della Mea Ezio, Via Pezzeit 1, 33010 Chiusaforte (UD), Tel. +39/340/6775331; Cooperativa Agricoltori Valcanale – Spaccio formaggi, Via Pontebbana 24, 33010 Ugovizza (UD), www.facevook.com/caseificiodiugovizza

77_Tartufi

Trüffel aus dem Urwald von Muzzana

Es muss nicht immer das Piemont sein. Die wertvollen Knollen sind auch im Friaul heimisch und konnten sich seit den 1980er Jahren in die moderne friulanische Küche einschleichen.

In Muzzana del Turgnano im friulanischen Küstengebiet nahe Marano Lagunare wachsen weiße Trüffeln der Sorte *Tuber magnatum Pico*. Kein anderes Trüffelgebiet in Italien liegt so nahe am Meer, kaum vier Kilometer entfernt. Südlich des Ortszentrums von Muzzana befindet sich die »Silva Lupanica«, ein etwa 300 Hektar großer Laubwald, ein Rest jenes Urwaldes, der sich in der Antike über weite Teile der friulanischen Ebene erstreckte und dessen Großteil im 19. und 20. Jahrhundert Abholzungen zum Opfer fiel. Dort sind von Oktober bis Dezember die Trüffelsucher mit ihren Hunden erfolgreich unterwegs. Sie finden dann auch glatte schwarze Trüffeln der Sorte *Tuber macrosporum Vittadini*, die zwar nicht die Qualität der weißen erreichen, aber im Geschmack ähnlich sind.

Insgesamt gibt es sieben Trüffelarten in der Region. In den Ausläufern der Berge und Täler bei Spilimbergo und Cividale del Friuli, vereinzelt auch im Karst, wachsen ebenfalls schwarze Trüffeln. Am weitesten verbreitet ist die Herbsttrüffelsorte *Tuber mesentericum Vittadini*, eine nicht sehr wertvolle Art, die sich aber zum Kochen gut eignet, wie auch die Sommertrüffelsorte *Tuber aestivum Vittadini*. Sie wird für geschmackvolle Cremes und Soßen eingesetzt, auch zum Würzen von Käse oder Öl. Die weißen Trüffeln sind bekanntlich roh zu verwenden, etwa über Polenta, Eier oder eine Pasta gerieben, da sie beim Kochen viel von ihrem intensiven Aroma verlieren.

In der Trüffelsaison ist die Lust auf das duftende Pilzgewächs in Restaurants nicht nur jener Gegenden zu stillen, wo sie gefunden werden. In Muzzana organisiert die Vereinigung Amatori Tartufi, also der Trüffel-Liebhaber, im November verschiedene Veranstaltungen wie zum Beispiel Trüffelessen.

Adresse Associazione Tartufai Friuli Venezia Giulia, Via Cavour 5/e, 33097 Spilimbergo (PN), www.tartufaifvg.it; Associazione Muzzana Amatori Tartufi, Via San Giorgio 52, 33055 Muzzana del Turgnano (UD), www.muzzanamatoritartufi.it; Trattoria Al Cacciatore, Via Casali Paludo Sinistra 9, 33056 Palazzolo dello Stella (UD), https://m.facebook.com/p/Trattoria-al-Cacciatore-100063545234387 | Tipp Wer frische Trüffeln ein paar Tage aufheben möchte: In einem Glas mit Schraubverschluss geht das zusammen mit etwas Küchenpapier. Wenn man darunter ein, zwei rohe Eier legt, nehmen diese das Trüffelaroma auf und machen so ein Omelett besonders geschmackvoll.

78__Biscotti 1

Esse di Raveo – die Kekse in S-Form

Ganz einfache Dinge wie Brot oder ein Steak schmecken immer, wenn sie gut gemacht sind. Die Einfachheit ist ihr Geheimnis. Das gilt auch für die *Biscotti Esse*, die Kekse aus Raveo, einem kleinen Ort westlich von Tolmezzo in den Voralpen Karniens. Dort wollte 1920 Emilio Bonanni das Angebot seiner kleinen Bäckerei aufbessern. Inspiriert von einem alten karnischen Rezept, begann er, aus so simplen Zutaten wie Mehl, Zucker, Ei, Butter, Hefe, Salz und Vanilleschoten meisterliche Kekse in S-Form zu erzeugen. Anfangs wurden sie noch von Hand geformt, als S, weil das leicht geht und sie sich so von anderen Keksen auch optisch unterscheiden. So wurden sie »Esse« genannt, so heißt das S auf Italienisch. Sie sind einfach, aber höchst geschmackvoll, mürbe und knusprig, leicht und doch kompakt.

Emilios Sohn Aldo Bonanni erkannte die Möglichkeiten dieses Produkts und entwickelte es mit Leidenschaft weiter. In den 1970er Jahren wurde in Raveo ein »Laboratorio« für die Kekserzeugung eingerichtet. 2017 ist Bonanni mit der Esse-Produktion nach Kärnten übersiedelt, über die Berge hinüber ins nahe Kirchbach im Kärntner Gailtal. Der Grund: Die italienische Bürokratie hat ihn mürbe gemacht. Verpackt werden müssen die Kekse schnell, gleich wenn sie aus dem Ofen kommen, sonst macht die Luftfeuchtigkeit sie zu weich. Verkauf und Vertrieb sind in Raveo geblieben. Aldo und seine Familie arbeiten also grenzüberschreitend.

Inzwischen sind diese süßen Verführer in vielen Teilen Italiens und darüber hinaus beliebt. Es heißt, sogar Papst Johannes Paul II. habe sie gern gemocht und sie – nachdem er von friulanischen Jugendlichen eine Dose als Geschenk bekommen hatte – immer wieder bestellt.

Die Esse-Kekse kommen am besten als Dessertgebäck zur Geltung, eventuell zu Kaffee oder Tee oder mit trockenem Weißwein. »Süßwein würde den ausgewogenen Geschmack der Kekse beeinträchtigen«, sagt Aldo Bonanni.

Adresse Esse di Raveo, Zona Artigianale 3, 33029 Raveo (UD), www.aldobonanni.com | **Tipp** Die Esse-Kekse können auch bestens statt Löffelbiskuit/Biskotten für ein Tiramisu verwendet werden.

79__Biscotti 2

Die Kekse aus Brazzà mit einer Gräfin als Patin

Selten hat ein Backwerk eine so interessante Geschichte wie die *Biscotti di Brazzà*. Bei den länglichen, duftenden Mürbteig-Keksen mit dem harmonischen Geschmack wäre es übertrieben zu sagen, sie seien von Adel. Aber eine Contessa, also eine Gräfin, war zumindest ihre Patin.

Die Amerikanerin Cora Slocomb (1860–1944) hatte 1887 den Conte Detalmo Savorgnan di Brazzà geheiratet – einen Bruder des Afrikaforschers Pietro di Brazzà, nach dem noch heute die Hauptstadt der Republik Kongo Brazzaville benannt ist. Sie war sozial enorm engagiert und gründete eine Kooperative, in der die Frauen der Gegend geklöppelte Spitzen anfertigten und so die kargen Familieneinkommen aufbessern konnten. Als ihr eine Signora Delser aus dem nahen Ort Martignacco ihre Kekse zu kosten gab, war Cora begeistert. Bei der von ihr organisierten ersten Agrar-Ausstellung der Gegend gewannen die Kekse den ersten Preis für hausgemachte Backwaren. Die Contessa half der Familie nun beim Einrichten einer Keks-Produktionsstätte. Die Biscotti durften auch den Schriftzug »Brazzà« tragen.

Während des Zweiten Weltkriegs drohte das Aus. Doch inzwischen hat die Pro-Loco-Organisation von Brazzacco – Pro Loco heißen örtliche Initiativen, die sich um die Erhaltung von Traditionen bemühen – die Erzeugungsrechte samt dem Rezept gekauft. Im Namen von Pro Loco di Brazzaco werden die *Biscotti di Brazzà* nun in der Bäckerei Sorelle Del Dò in Udine hergestellt. Dort kann man sie auch kaufen; außerdem bei Pro-Loco-Veranstaltungen in der Gegend, dem Weinfest Friuli DOC in Udine im September oder bei den Pro-Loco-Festen bei der Villa Manin in Passariano bei Codroipo.

Die *Biscotti di Brazzà* gibt es in der klassischen Variante, von der – weil das Rezept geheim gehalten wird – nur die Basiszutaten Mehl, Ei, Zucker und Butter bekannt sind, sowie in einer Bio-Variante mit Haselnüssen.

Adresse Pro Loco Brazzacco, Strada del Belvedere 3, Brazzacco (UD), www.facebook.com/ProLocoGgBrazzacco; Panificio Pasticceria Sorelle Del Dò, Via Gemona 27, 33100 Udine, www.panificiopasticceriasorelledeldo.eatbu.com

80 Biscotti 3

Die Kekse der Stadt Pordenone

Ein wenig anders als das übrige Friaul präsentiert sich Pordenone: lockerer und wirtschaftlich mehr am angrenzenden Veneto orientiert als an den östlicheren Teilen der eigenen Region. Die Veneter sind gute Händler und Vermarkter, und das sind die *pordenonesi* auch. Also ist es nicht verwunderlich, dass hier eifrige Bäcker ihrer Stadt eigene Kekse gewidmet haben: süße »Knöpfe« aus Mürbteig mit wunderbarem Mandelaroma.

Die Geschichte der *Biscotti Pordenone* begann 1950, als das Ehepaar Marisa und Riccardo Barison die Pasticceria Modena eröffnete und dort Frühstückskekse anbot, mit dem Ziel, dieses Backwerk Pordenone zu widmen. Es sollte Teil der Geschichte der Stadt werden. 1988 übergaben die Barisons ihr Geschäft an die Pasticceria Montereale, die von der Familie Martin in der Via Montereale geführt wird. Dort werden nun seit 1996 die *Biscotti Pordenone* erzeugt. Sie sind inzwischen eine bei der Handelskammer eingetragene Marke und als typisches friulanisches Produkt vom Landwirtschaftsministerium anerkannt.

Das ursprüngliche Rezept der Barisons basierte auf einer Rezeptur der 1940er Jahre. In der Pasticceria Montereale wurde sie leicht verändert. Aber eine Intention ist nach wie vor, dass die Zutaten authentisch die Gegend Pordenone widerspiegeln sollen. Also werden Weizenmehl und Maismehl verwendet, wie sie in früheren Zeiten in alten Mühlen der Gegend hergestellt wurden. Andere Zutaten erreichten in der Vergangenheit die Stadt per Schiff, denn Pordenone hatte einen Hafen am Fluss, der heute Noncello heißt. Der historische Hafen nannte sich Portus Naonis, daher leitet sich auch der Name Pordenone ab. Dieser Hafen war ein wichtiger wirtschaftlicher Umschlagplatz, unter anderem für Zucker, Mandeln und grobes Salz, also drei wichtige Zutaten der *Biscotti Pordenone*. Dazu kommen Eigelb und Hefe. Und zum Aroma trägt auch noch Grappa bei.

Adresse Gelateria Pasticceria Montereale, Via Montereale 23, 33170 Pordenone (PN), www.biscottopordenone.it

81__Cioccolato 1

Die Schokoladenträume von Peratoner

Es ist wie ein Eintauchen in eine andere Zeit: Wer die Konditorei La Bomboniera in Triest, unweit des Canal Grande gelegen, betritt, glaubt sich in die österreichisch-ungarische Monarchie zurückversetzt. Das stimmungsvolle Jugendstil-Interieur ist erhalten, traditionelle Kuchen und Kekse wie zu Kaisers Zeiten, aber vor allem auch Schokolade – nicht nur als Pralinen – lassen jedermanns Widerstandskraft schwinden.

Seit 1836 gibt es La Bomboniera, seit 2020 gehört sie zum Schokoladenimperium Peratoner von Giuseppe Faggiotto. Der ist selbst – seit 1974 seine Liebe zur Schokolade überhandnahm – Maître Chocolatier und hat das Herz seines Unternehmens in Pordenone aufgebaut. In der dortigen Schokoladenmanufaktur werden mehr als 150 Kilogramm Schokolade pro Tag verarbeitet, in vielen Geschmacksrichtungen und in phantasievolle Formen gebracht, passend zu jeder Jahreszeit. Neben dem stilvollen Kaffeehaus Peratoner mit dem Schokoladenbrunnen locken auch der Ausstellungsraum L'Antica Confetteria und nebenan in der Galleria di Palazzo Concordia ein mit etwa 4.000 verschiedenen Formen ausgestattetes Schau-Labor, wo Chocolatiers interessierte Passanten zum Staunen bringen.

Das Geschäft boomt. Und so haben Faggiotto und seine Familie – Ehefrau Anna und Sohn Riccardo – in Triest nicht nur die Konditorei La Bomboniera in die Firma Peratoner eingegliedert, sondern auch zwei der traditionsreichsten Kaffeehäuser: 2012 das Caffè degli Specchi an der Piazza Unità d'Italia und 2021 das Caffè Tommaseo, das 1830 eröffnete und somit älteste noch betriebene Kaffeehaus der Stadt. Überall wird nicht nur die Kaffeetradition neu belebt, sondern es regieren da wie dort die erfolgreichen Schokoladenprodukte von Peratoner. Und: Wo sonst bekommt man zum Kaffee ein Gläschen mit heißer Schokolade und kann ausprobieren, ob das vor, zum oder nach dem Kaffee am besten schmeckt?

Adresse Pasticceria Cioccolateria Peratoner, Corso Vittorio Emanuele II 22b, 33170 Pordenone; La Bomboniera, Via XXX Ottobre 3, 34122 Triest, www.facebook.com/LaBombonieraTs; Caffè degli Specchi, Piazza Unità d'Italia 7, 34121 Triest, www.facebook.com/CaffedegliSpecchiTrieste; Caffè Tommaseo, Piazza Nicolò Tommaseo 4, 34122 Triest, www.facebook.com/anticocaffetommaseo

82__Cioccolato 2

Kleine, innovative Schokoladenmanufakturen

Klein, aber oho! Schokoladenliebhaber finden im Friaul erfreuliche Beispiele für höchste Qualität bei kleinen, handwerklich arbeitenden Betrieben. In San Daniele del Friuli etwa, wo mitten in der Altstadt die Cioccolateria von Adelia Di Fant liegt, schräg gegenüber der Kirche Sant'Antonio Abate, die wegen der farbenfrohen Fresken auch die »Sixtina des Friaul« genannt wird. Bunte Pralinen fallen in Adelias Geschäft ins Auge, alle handgefertigt. Wer sie kostet, spürt gleich, dass die Freude nicht nur von dem angeblich in Schokolade enthaltenen Glückshormon Serotonin herrührt, sondern von den gelungenen Geschmacksmischungen. »Wir machen Produkte, die die Charakteristik unserer Region widerspiegeln«, sagt Adelia.

Praline alla grappa, die Grappa-Pralinen, hat Adelia in den 1980er Jahren erstmals kreiert. Sie zeugen davon, dass sich ihre Leidenschaft für Destillate mit der Passion für Schokolade höchst erfolgreich verbindet. Für Tradition mit Innovation stehen auch die *Gubanine al cioccolato*, das sind Pralinen mit einer Fülle aus in Grappa getränkten Nüssen und Rosinen, entsprechend jener des berühmten friulanischen Kuchens *Gubana*. Genauso die *Crema spalmabile*, die streichbare Schokoladencreme mit Grappa. Nicht zu vergessen die Vielzahl an hübsch dekorierten Formen mit Früchten oder Blüten. Übrigens: In Adelias Cioccolateria sind ausschließlich Frauen beschäftigt.

In Udine liegt fast versteckt am Largo delle Grazie hinter der riesigen Piazza Primo Maggio die kleine, 2017 eröffnete Cioccolateria von Fabio Valentinis und seiner Frau Patrizia. Auch diese beiden sind Verfechter höchster Qualität. Wer je sein Herz in Schokoladenform verschenken will, ist hier richtig. Die feinen Pralinen in Herzform und in diversen Geschmacksrichtungen haben begeisterte Fans, ebenso die Schokoladencremes, die Tafelschokoladen, die saisonalen Formen (zum Beispiel Ostereier) sowie origineller Hochzeitskonfiserie.

Adresse Adelia Di Fant, Via Giuseppe Garibaldi 27, 33038 San Daniele del Friuli (UD), www.adeliadifant.com; Cioccolato Valentinis, Largo delle Grazie 5, 33100 Udine, www.cioccolatovalentinis.it | Tipp In Gradisca d'Isonzo kommen beim »Chocofest« Ende November, aber auch im Frühjahr bei Schokoladenfesten in Udine und Tarvisio alle Leckermäuler auf ihre Kosten. Infos dazu unter www.prolocoregionefvg.it/eventi

83__Crostoli

Kein Karneval ohne frittierte Teigstreifen

»Carnevale ist die Zeit der *Crostoli*«, sagt Daniela und begibt sich in ihre Küche. Sie ist wie viele Frauen im Friaul eine Meisterin darin, diese frittierten Teigstreifen anzufertigen. Ehemann, Kinder, Enkel und Freunde sind immer ganz gierig darauf. Die *Crostoli* sollen auf die Römer zurückgehen, die bei ihren »Saturnalien« genannten Festen *Frictilia*, in Schweinefett frittierte Süßigkeiten, an das Volk verteilten. In friulanischen Familien wurden handgeschriebene Rezepte aus dem 18. Jahrhundert gefunden, die sich in der Anzahl der verwendeten Zutaten und in der Machart nur wenig unterscheiden. Das Ergebnis sind jedenfalls immer köstliche, mit Zucker bestreute Streifen.

Zur Karnevalszeit versuchen die Bäcker in ganz Friaul-Julisch Venetien, einander in der Produktion knackiger *Crostoli* zu übertreffen. Varianten des auf Friulanisch *Cròstui* genannten Gebäcks sind in vielen Teilen Italiens zu finden, sie variieren in den beigefügten Aromen. Im Veneto werden sie meist *Chiacchiere* genannt, in der Toskana *Cenci* oder *Frappe*, in Sardinien *Maraviglie*.

Mehl, Trockenhefe, Vanillezucker, Eier, eine Prise Salz, Butter und ein guter Schuss Grappa werden zu einem Teig verknetet, dieser wird dann dünn ausgerollt (zum Beispiel mit einer Pasta-Maschine). Mit einem Teigrad teilt man längliche Rechtecke ab und halbiert diese mit noch einem Schnitt. Nur kurz werden die *Crostoli* in sehr heißem Öl frittiert, dann auf Küchenpapier abgetropft, in eine Schüssel geschichtet und dabei mit Staubzucker bestreut. Eine andere Variante aus Triest kommt ohne Hefe aus, da wird der Teig aus Mehl, Butter, Rahm, Eiern, Zucker und Öl geknetet. Wichtig ist, dass die Teigstreifen durch das Frittieren schöne Blasen werfen. Die zeigen an, dass der Teig richtig gemacht wurde. Früher wurde zum Frittieren Schmalz verwendet, heute kommt ein pflanzliches Öl, zum Beispiel Sonnenblumen- oder Erdnussöl zum Einsatz.

Zutaten für *Crostoli*-Teig alla Daniela: 30 gehäufte EL Mehl (Typ 00), 1 gehäufter TL Trockenhefe, 2 Päckchen Vanillezucker, 4 Eier, 1 Prise Salz, 25 g Butter, 1 guter Schuss Grappa, Öl zum Frittieren, Staubzucker zum Bestreuen; für die Triestiner Teigvariante: 350 g Mehl (Typ 00), 100 g Zucker, 2 Eier, 1 TL Butter, etwas Salz, ½ Gläschen Grappa, Öl zum Frittieren, Staubzucker zum Bestreuen

84 Fave dei morti

Süße »Bohnen« nicht nur zum Totengedenken

Spätestens wenn der November naht, tauchen in den Konditoreien zwischen Triest, Gorizia und Cividale del Friuli – etwa in der Pasticceria Ducale – die *Fave dei morti* (auch *Favette triestine*) auf. Die »Bohnen der Toten« sind köstliche, aus Mandelteig geformte, etwa daumennagelgroße unregelmäßige Kügelchen in Weiß, Rosa und Braun. Sie symbolisieren das Totengedenken am 2. November, also zu Allerseelen. Diese Tradition wurzelt in der Antike. Bei Begräbnisfeiern im alten Rom sollen echte Bohnen, die *Fave*, als Symbol für die Seelen der Toten gegessen worden sein. Das habe dem Glauben entsprochen, dass die Bohnen die Welt der Lebenden mit der der Toten verbinden, weil sie mit ihren Wurzeln tief in die Erde vordringen und so in Kontakt mit der Unterwelt kommen können. Ein Symbol aber auch wegen der Farbe von Bohnenblüten – hell mit dunklen Flecken – und deren Form, die an den griechischen Buchstaben Tau im Namen des Totengottes Tanathos erinnern.

Im Laufe der Jahrhunderte entstand die Tradition der süßen Fave, deren drei Farben sinnbildlich für den Lebenszyklus stehen: Weiß für die Geburt, Rosa für das Leben und Braun für den Tod. Inzwischen findet man sie auch zu anderen Jahreszeiten, beliebt sind sie zu Kaffee oder Grappa. Es heißt, sie seien 1860 auch beim Eröffnungsfest des Schlosses Miramare serviert worden.

Der Teig besteht aus geriebenen Mandeln, Zucker, Vanillezucker, Ei und – je nach Farbe – Rosenwasser, Kakaopulver und Likören wie Rosolio bianco und Alchermes. Die geriebenen Mandeln sollen einige Zeit lang trocknen. Dann wird Eiklar zu Schnee geschlagen, nach und nach werden Zucker, Vanillezucker und die geriebenen Mandeln dazugerührt. Ein Drittel der Masse bekommt den Rosolio bianco beigemischt, das zweite Drittel das Rosenwasser sowie den Alchermes und das dritte das Kakaopulver. Die *Fave* werden geformt und im Backrohr bei 100 Grad Umluft ungefähr 10 bis 15 Minuten getrocknet.

Adresse Pasticceria Ducale, Piazza Alberto Picco 24, 33043 Cividale del Friuli (UD), Tel. +39/0432/730707 | Zutaten für *Fave dei morti* nach einem Rezept der Gourmet-Zeitschrift qbquantobasta (www.qbquantobasta.it): 250 g geriebene Mandeln, 3 Eiklar, 200 g Zucker, 1 Päckchen Vanillezucker, 2 EL weißer Rosenblütenlikör Rosolio bianco, 2 EL roter Likör Alchermes, 2 EL Rosenwasser, 3 EL Kakaopulver

85__Frittelle

Die süßen, frittierten Teigbällchen

Sie zählen zu den Spezialitäten des »Carnevale«, versüßen aber auch die »Festa del papà«, also den Vatertag, der in Italien am 19. März, dem Namenstag von San Giuseppe, dem heiligen Josef, gefeiert wird. Lange ehe es derlei moderne Festivitäten gab, wurden Rezepte für *Frittelle* schon in einem Buch über die Küche des 14. Jahrhunderts *(Libro di cucina del secolo XIV)* aufgezeichnet. Darauf wies Giuseppina Perusini Antonini hin, die viel zitierte Autorin der 1962 erschienenen ersten Sammlung der enogastrononischen Traditionen der Region.

Der Weg zu den nicht nur von Vätern geliebten Teigbällchen ist einfach: Mehl, Eier, Milch, Salz, Zucker, Vanillezucker, Rosinen und Backpulver zu einem nicht zu flüssigen Teig vermischen, mit zwei Löffeln aus dem Teig Bällchen formen, diese frittieren und mit Staubzucker bestreuen. Wie die *Crostoli* werden sie heute selten in Schmalz, sondern meistens in Pflanzenöl frittiert. Eine Triestiner Spielart ist, die vermischten Zutaten erst für 45 Minuten bei 40 Grad ins Backrohr zu stellen, damit der Teig vor dem Frittieren luftig aufgeht.

Wie fast immer gibt es von Ort zu Ort verschiedene Varianten auch für die *Frittelle*, auf Friulanisch *fritole* oder *fritulis*. In mancher Küche werden sie mit gekochtem Reis gemacht, der mit Milch, Mehl, Rosinen, geriebener Zitronenschale, Trockenhefe, Zucker, Ei, Grappa und etwas Salz zu einem Teig vermischt wird.

In Sappada, der deutschen Sprachinsel in den Bergen, heißen sie *Mogn Kropfn* (Magenkrapfen) und enthalten eine Fülle aus Mohn und Honig. Ohne Fülle nennt man sie auch *Orecchiette di coniglio* (Kaninchenohren). In Sauris tragen sie den Namen *Vledlan* und werden mit getrocknetem Salbei und Minze gewürzt. Eine ganz besondere, gar nicht süße Variante stammt aus Contovello, dem Ort im Karst oberhalb von Triest. Dort lebten viele Fischer, und so sind die *Frittole con l'anima* (mit Seele) mit eingesalzenen Sardellen gefüllt.

Zutaten laut einem privaten Rezept: 7 gehäufte EL Mehl (Typ 00), 1 EL Zucker, 2 Eier, ⅛ l Milch, 1 Prise Salz, etwas abgeriebene Zitronenschale, 1 Päckchen Vanillezucker, 1 gute Handvoll Rosinen, ½ Päckchen Backpulver, Öl zum Frittieren, Staubzucker zum Bestreuen; für die Variante mit Reis: 150 g gekochter Reis, 50 g Mehl (Typ 00), ½ l Milch, 2 Eier, 50 g Zucker, 50 g Rosinen, etwas geriebene Orangenschale, ½ Päckchen Trockenhefe, 1 guter Schuss Grappa

86 Gubana & Putizza

Geschmacksfeuerwerke in Schneckenform

Die *Gubana* ist eines der kulinarischen Symbole der Region. Ursprünglich stammt dieses süße Backwerk aus den Valli del Natisone, den Tälern des Flusses Natisone und seiner Quellflüsse, die sich von Cividale del Friuli in Richtung Nordosten zur slowenischen Grenze ziehen. Die slowenische Sprache ist am Natisone auch daheim. So wundert es nicht, dass sich der Name *Gubana* wohl aus dem Slowenischen herleitet, nämlich vom Wort *guba*, also biegen oder aufrollen, was sich auf die Form bezieht. Es heißt, schon 1409 sei Papst Gregor XII. diese lokale Spezialität bei seinem Besuch serviert worden. Der Brauch, die *Gubana* zu Ostern und zu Weihnachten zu essen, wurde längst von der Tradition abgelöst, diese süße Köstlichkeit das ganze Jahr über zu genießen. Oft wird ein Stück auf dem Teller noch mit einem Schuss Grappa »getränkt«.

Auf einen gut aufgegangenen, mit dem Nudelholz ausgewalkten Hefeteig wird eine Fülle aus gehackten Nüssen, Rosinen, Butter, kandierten Früchten, oft auch Pinienkernen, Zucker und/oder Honig sowie zerbröselten trockenen Kekse aufgetragen, der Teig dann eingerollt und als Schnecke in eine gebutterte, runde Form gelegt. Jetzt nochmals aufgehen lassen. Nun ist Zeit für das Backrohr; nach etwa 45 Minuten bei mittlerer Temperatur ist die *Gubana* fertig. Jede Hausfrau, jeder Bäcker oder größere Produzent wie zum Beispiel Gubana della Nonna, Giuditta Teresa, Dorbolò oder Vogrig verwendet für die Fülle eine eigene Mischung.

Der *Gubana* der Valli del Natisone ähnlich ist die *Putizza*, sie ist von Gorizia bis Triest zu Hause. Im benachbarten Slowenien heißt sie *Potica* oder *Pogača*. Auch ihr Hefeteig ist zur Schnecke gerollt, allerdings lockerer. Sie hat eine ähnliche Fülle, enthält aber noch mehr davon als die *Gubana*. Die *Gubanetta* ist eine semmelgroße Variante der *Gubana*, die oft zum Frühstück gegessen wird. Und einen Verwandten in Kärnten gibt es auch: den *Reindling*.

Adresse Gubana della Nonna, www.gubanadellanonna.com; Gubana Giuditta Teresa, www.giudittateresa.com; Gubane Dorbolò, www.gubanedorbolo.com; Gubana Vogrig, www.gubana.it | Zutaten für eine *Gubana:* für den Teig 800 g Mehl (Typ 00), 5 Eier (Dotter und Eischnee), 150 g Zucker, 50 g frische Hefe, 100 g zerlassene Butter, geriebene Zitronenschale, Milch, Salz; für die Fülle: 200 g gehackte Walnüsse, 100 g Pinienkerne, 100 zerriebene trockene Kekse, 100 g Zucker, 250 g Rosinen, 1 TL Honig, eventuell 50 g Schokolade gerieben, etwas Grappa

87__Pan di Zucca

Herbstzeit ist Kürbisbrot-Zeit

Wenn es Oktober wird, leuchtet es in vielen Bäckereien gelb: Es ist die Zeit des Kürbisbrotes *Pan di zucca*, friulanisch *pan zal*. Auch im privaten Kreis gehört das Erzeugen dieses Hefeteiggebäcks traditionsgemäß dazu. Ob Zucca di Chioggia oder Zucca lunga di Napoli, ob Zucca Hokkaido oder Zucca Butternut – jeder würzige Speisekürbis wird dazu verwendet.

Auf den vielen Kürbis-Festen quer durchs Land ist eine große Auswahl an regionalen und internationalen Sorten zu finden. So hat zum Beispiel Venzone, etwa 40 Kilometer nördlich von Udine, eine lange Tradition solch einer »Festa della Zucca«. Aber auch die Feste in San Vito al Tagliamento, Terzo d'Aquileia oder Fagagna sind gern besucht. Außerdem lassen viele Friulaner die herbstlichen Köstlichkeiten ohnehin im eigenen Garten wachsen.

Pan di Zucca zu backen braucht nicht viel Aufwand, aber doch einiges an Zeit. Denn wenn aus weich gedünstetem, püriertem Kürbisfleisch, Zucker, einer Mischung aus Roggen- und Maismehl, frischer Hefe, Butter, Ei, Salz, Olivenöl und – wer mag – einer Handvoll in Grappa eingeweichter Rosinen sowie eventuell Fenchelsamen ein Hefeteig geknetet ist, muss dieser erst einmal eine Stunde im Warmen aufgehen. Dann werden Zöpfe oder Schnecken oder Brötchen geformt, und diese müssen noch einmal abgedeckt eine Stunde ruhen, ehe sie ins Backrohr kommen, bis sie eine schöne Farbe angenommen haben.

Außer dem *Pan di Zucca* gehören auch Kürbissuppen zur herbstlichen Küche, vor allem im karnischen Bergland, zum Beispiel aus in Salzwasser gedünstetem Kürbis, Milch, Butter, etwas Zucker und Polentamehl gekocht.

Übrigens: Schon lange bevor aus Amerika die Halloween-Mode angekommen ist, gab es im Friaul die Tradition, Kürbisse zu beleuchten. Sie fußt auf alten Bräuchen des keltischen Neujahrsfestes, das Ende Oktober, Anfang November gefeiert wurde.

Adresse Festa della Zucca, Pro Loco »Pro Venzone« & Venzone Turismo, Via Glizoio di Mels 5/4, 33010 Venzone (UD), www.venzoneturismo.it | Zutaten 500 g Kürbisfleisch, 150 g Zucker, etwa 600 g Mehl (Typ 00), 1 Würfel frische Hefe, 1 Ei, 1 Prise Salz, 50 g Butter, 1 EL Olivenöl, 1 gute Handvoll Rosinen, eingeweicht in Grappa oder Rum

88__Pinza

Ein Name – zweierlei Hefegebäck

Nein, *Pinza* ist nicht gleich *Pinza*. Was in den westlichen Gegenden des Friaul so bezeichnet wird, hat mit dem gleichnamigen Backwerk im Landesteil Julisch Venetien, also von Triest bis Gorizia, gar nichts zu tun. Nicht einmal den Anlass, zu dem die *Pinza* gegessen wird.

»Panevin!« *Pane e vino*, Brot und Wein. So lautet in vielen Teilen des Friaul der Wunsch, wenn am Abend des 5. Januar die Epifanie-Feuer entzündet und aus dem aufsteigenden Rauch die Aussichten für das neue Jahr abgelesen werden. Da gibt es für alle Glühwein und *Pinza*. Gebacken wird dieser Kuchen mit einer Mischung aus Polentamehl, Weizenmehl, Milch, Eiern, Zucker, Hefe, getrockneten Feigen, Rosinen, Nüssen, Pinienkernen, geriebener Zitronenschale, Butter und etwas Salz in einer rechteckigen Form. Diese *Pinza* wird in Würfel geschnitten serviert.

»Buona Pasqua, buone pinze!« – »Frohe Ostern, gute Pinze!« So formulieren die Triestiner und Gorizianer ihre Osterwünsche. Hier ist die *Pinza* das zu Ostern meistkonsumierte süße Brot. Zeitaufwendig ist die Herstellung. Für den Hefeteig, der mehrfach aufgehen muss, wird gern unter anderem Manitoba-Mehl verwendet. Das ist Mehl aus einer Weizensorte mit hohem Gluten-Gehalt, dadurch geht der Teig besonders gut auf und wird sehr elastisch. Wurde er für die *Pinza* in eine runde Form gebracht, werden oben drei Schnitte in Form eines Y gesetzt, ein Symbol des Kreuzes Christi. Bei der für ihre *Pinzen* berühmten Bäckerei Jerian in Triest wird das Y mit Zick-Zack-Schnitten gebildet. Durch ihre Form sollte die *Pinza* ursprünglich an den mit Essig getränkten Schwamm erinnern, den römische Soldaten Christus am Kreuz gereicht haben sollen. Ob diese *Pinza* hebräischen Ursprungs ist oder aus Istrien stammt, ist ungewiss. Klar ist die Verbindung zur österreichischen Küche. Da wie dort wird die Oster-Pinza zum gekochten Schinken gegessen.

Adresse Panificio Piccinin, Via Della Ferriera 32, 33170 Pordenone, www.facebook.com/p/Panificio-Piccinin-100034065376423; Pasticceria Panetteria Jerian, Via Combi 26, Via Cavana 10, Via Roiano 1, 34100 Triest; www.jerian.it | Tipp Rezept für *Pinza di Pordenone:* www.pordenonewithlove.it/it/cosa-fare/gusto/dolci-e-frutta/pinza-dellepifania; Rezept für *Pinza triestina* der Bäckerei Jerian: www.gamberorosso.it/notizie/storie/pinza-di-pasqua-triestina-storia-e-ricetta-da-fare-in-casa.

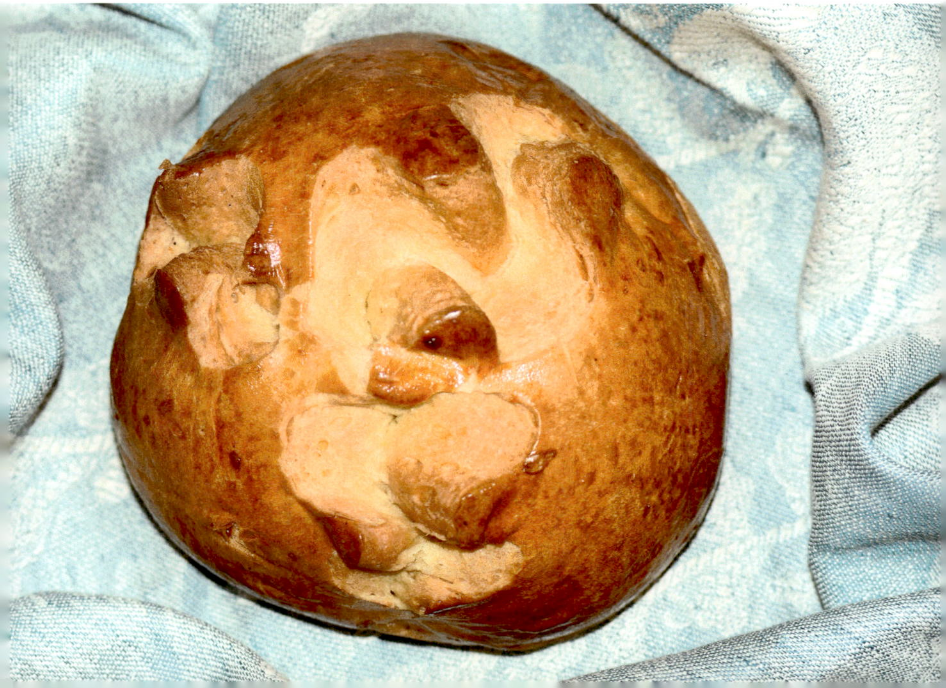

89__Presnitz

Der Gubana-Verwandte aus Triest

»… un dolce di tedescheria e com'è buono.« – »… eine Süßspeise der deutschen Länder, und wie gut sie ist.« So beschrieb Pellegrino Artusi (1820–1911), Guru der italienischen Küche, den *Presnitz*. Er meinte damit dessen wahrscheinlichen Ursprung in der österreichisch-ungarischen Monarchie. Böhmen als deren Teil war bekannt für solche Kuchen. Die Heimat des *Presnitz* ist jedenfalls Triest, das bis 1918 Teil der Monarchie war.

Fest steht: Der *Presnitz* ist ein enger Verwandter der *Gubana*, allerdings umhüllt bei ihm Blätterteig, nicht wie bei der klassischen *Gubana* Hefeteig die Fülle aus Nüssen, Mandeln, Rosinen, Zucker, getrockneten und kandierten Früchten und Schokolade. Diese Rolle hat auch eher die Form einer offenen Spirale und nicht die einer dicht gedrehten Schnecke. Trotzdem wird verwirrenderweise zwischen Triest, Gorizia und Cividale del Friuli die Blätterteigfassung oft auch als *Gubana* bezeichnet.

Die Herkunft des Namens *Presnitz* ist mit diversen Geschichten verbunden. Die beliebteste lautet: Das Gebäck sei bei einem Backwettbewerb in Triest erstmals anlässlich eines Besuches der berühmten österreichischen Kaiserin Sisi serviert worden. Was so wohl nicht stimmen kann, denn das Geschehen wird mit dem Jahr 1832 verbunden, aber Sisi kam erst 1837 zur Welt. Realistischer sind eher jene Berichte, die die Begebenheit mit Kaiserin Karoline Auguste von Bayern, der Gattin des österreichischen Kaisers Franz I., verbinden. Sie und nicht Sisi sei Jurorin bei dem Backwettbewerb gewesen. Weshalb sich der Name *Presnitz* aus einer Verkürzung des *Premio principessa*, Preis der Prinzessin, herleite. Weil ja aber bekanntlich historische Fakten oft weniger unterhaltsam und schwieriger zu vermarkten sind als Legenden, wird der *Presnitz* von vielen unbeirrt »Sisi-Kuchen« genannt. Sprachlich liegt jedenfalls die Herleitung vom slawischen *presnec*, dem ungesäuerten Brot, nahe.

Adresse in Triest und Gorizia in jeder Bäckerei, zum Beispiel: Pasticceria Pirona, Largo della Barriera Vecchia 12, 34129 Triest, www.pirona1900.com; Pasticceria Giorgi, Via Carducci 14, 34125 Triest, www.pasticceriegiorgi.it; Pasticceria Panificio Centrale, Via Garibaldi 4, 34170 Gorizia, www.pasticceriacentralegorizia.it | Zutaten für den Blätterteig: 250 g Butter, 250 g Mehl (Typ 00), 4 EL Milch, 1 Ei, Zitronensaft, Salz; für die Fülle: 100 g Pinienkerne, 100 g Rosinen, 50 g Pistazien- oder Nusskerne gehackt, 1 klein geschnittene getrocknete Feige, 30 g Kochschokolade gerieben, 2 EL Rum, je 1 TL Zucker, Honig, Zimt, 1 Eigelb zum Bestreichen des Teigs vor dem Backen

90__Rigojanci

Triestiner Schokokuchen mit ungarischen Wurzeln

Ob als Torte oder in Form einer Schnitte – *Rigojanci* ist in den Konditoreien und Kaffeehäusern von Triest allgegenwärtig und eines der vielen Beispiele dafür, dass Speisen aus der Zeit der österreichisch-ungarischen Monarchie hier nach wie vor nicht wegzudenken sind. Der Kakao-Biskuitkuchen mit Schokoladenglasur scheint ein Verwandter der Wiener Sachertorte, hat aber einen ganz anderen Ursprung, nämlich in Ungarn.

Eine Liebesgeschichte gehört auch dazu: Der ungarische Geiger Rigó Jancsi spielte in der Belle Époque in den besten Lokalen in ganz Europa auf. In Paris lernte er 1896 Clara Ward kennen, die Tochter eines amerikanischen Milliardärs und Ehefrau des belgischen Fürsten Joseph Caraman Chimay. Sie verliebten sich ineinander. Clara verließ ihren Mann, ließ sich scheiden und heiratete den Geiger. Ein Riesenskandal in der damaligen Zeit! Von dieser Liebe inspiriert, »komponierte« Rigó in Budapest die Torte gemeinsam mit einem befreundeten Konditor in der bekannten Café-Konditorei Kugler-Gerbeaud. So wurde die delikate Kreation nach ihm benannt. Der kulinarische Austausch in der Monarchie brachte die Rigojanci-Torte nach Triest, wo sie bald als triestinische Spezialität »adoptiert« wurde.

Das Originalrezept wird in der Pasticceria La Bomboniera in Triest gehütet, wie immer gibt es aber Varianten, zum Beispiel in der Antica Trattoria Suban oder dem Caffè San Marco, mit zwei oder drei Schichten Kakao-Biskuit plus Schokoladenmousse und Marillenmarmelade dazwischen sowie einer dunklen Schokoglasur. Ähnlichkeiten zur Sachertorte sind leicht erkennbar. Diese gab es schon seit 1832, und bestimmt war sie dem ungarischen Konditor wohlbekannt, als die »Liebestorte« *Rigojanci* kreiert wurde. Für die Liebe zwischen Rigó Jancsi und Clara Ward war sie allerdings kein dauerhafter Kitt. Schon nach zwei Jahren, also 1898, war die Romanze wieder vorbei.

Adresse Pasticceria La Bomboniera, Via XXX Ottobre 3, 34122 Triest, www.facebook.com/LaBomboniераTs; Antico Caffè San Marco, Via Cesare Battisti 18/A, 34125 Triest, www.caffesanmarco.com; Antica Trattoria Suban, Via Emilio Comici 2, 34128 Triest, www.suban.it

91 Sorbetto artigianale

Von kundiger Hand entsteht bestes Sorbet

Natürlich, herrliches *gelato* gehört zu Italien wie Spaghetti. So weit, so bekannt. Auch in Friaul-Julisch Venetien gibt es quer durchs Land Künstler der Eiserzeugung. Spezieller ist die Sache mit dem *Sorbetto*, im deutschsprachigen Raum mit dem französischen Namen *Sorbet* bedacht. Etymologen sind sich nicht einig, ob der Name vom türkischen *sharber* oder vom lateinischen *sorbere* kommt, beides bedeutet schlürfen, oder doch vom arabischen *sherbeth*, dem »frischen Getränk«. Es gilt historisch als Vorläufer der Eiscreme. Ohne Milch, aber mit viel Fruchtanteilen plus Wasser und Zucker ist es jedenfalls traditionellerweise ein feines Intermezzo im Menü oder ein Dessert, dessen Herstellung viel Wissen erfordert.

Der kleine Ort Mortegliano südwestlich von Udine hat nicht nur den höchsten Campanile Italiens, dort entsteht auch *Sorbetto* erstklassiger Qualität. Gegründet 1984 von Francesco und Leda Della Negra, wird die Sorbetteria heute von deren Töchtern Deborah und Samantha geführt. »Beste Grundstoffe zu verwenden, sie in ihrer Charakteristik zu respektieren, dazu Ausgewogenheit bei der Mischung, dieses Erfolgsrezept haben wir von unserem Vater gelernt«, betonen die beiden. So entstehen Klassiker wie *Sorbetti* mit Zitrusfrüchten, aber auch spezielle Geschmacksrichtungen wie Mischungen aus verschiedenen Weinen oder Destillaten, Grünem Tee, Holunder, Passionsfrucht oder auch aus Gemüse und Kräutern der Saison, Trüffeln oder Balsamico aus der Region. Ob Apfel-Ingwer- oder Gurken-Gin-Sorbetto – die Kreativität beeindruckt.

Eine Besonderheit: Seit den 1990er Jahren wird das *Sorbetto* auch in Glasflaschen angeboten, zu einem halben Liter, aber auch – etwa für Feste – als Einzelportion. Restaurants und Caterer, die Wert auf Top-Qualität legen, Spezialitätengeschäfte und Privatpersonen sind überzeugte Kunden. In Kühlbehältern wird das Sorbet auch verschickt, nicht nur innerhalb Italiens.

Adresse Della Negra Gelaterie Artigiane, Via Flumignano 80, 33050 Mortegliano (UD), www.dellanegra.com | Tipp Neben dem *Sorbetto* ist auch das cremige Della-Negra-Gelato eine Empfehlung wert, entweder mit Milch erzeugt oder in Varianten für Veganer.

92__Strucchi

Teighäppchen mit nussiger Fülle

Wie die *Gubana* haben auch die *Strucchi* ihre Heimat in den Valli del Natisone. Als eine Art von süßen, häppchengroßen quadratischen Ravioli enthalten sie ähnliche Füllungen mit einer Mischung aus Nüssen, Mandeln, Pinienkernen, kleinen Stückchen von kandierten Früchten, Rosinen, Zucker, Zimt und etwas Grappa. Umhüllt wird solch süßes »Innenleben« von unterschiedlichen Teigen. In früheren Zeiten bestanden sie oft nur aus Mehl und Wasser, aber auch aus altem, in Wasser aufgeweichtem Brot oder aus Mehl und Kartoffeln. Heute wird meist eine Art Mürbteig verwendet. Er wird aus Mehl, etwas Hefe, Zucker, Zitronenschale, Butter, Ei, Milch und etwas Salz zubereitet. Traditionell werden die *Strucchi* frittiert.

Wo weniger Fettes gefragt ist, kommen sie ins Backrohr, sowohl in den Familien als auch in handwerklichen und industriellen Betrieben. Die bekannten Gubana-Bäckereien der Valli del Natisone oder in Cividale del Friuli wie beispielsweise Cattarossi erzeugen auch diese kleinen Köstlichkeiten, von denen mancher sagt, sie seien möglicherweise die Vorläufer der großen *Gubana* gewesen.

Nicht zu vergessen die Variante der *Strucchi lessi*, der gekochten *Strucchi*. Sie kamen in den Familien oft in einer großen Terrakotta-Schüssel auf den Tisch, aus der sich dann alle bedienen konnten. Das geschah zu Festtagen, aber genauso nach Begräbnissen oder am Ende von gemeinsamen Arbeiten wie dem Einbringen des Heus oder der Fertigstellung eines Hauses. Für diese Art wird entweder ein Teig aus Mehl, lauwarmem Wasser, Salz und Öl zubereitet oder ein Kartoffelteig wie für Gnocchi. Die Fülle ist in jedem Fall die gleiche.

Gern wurden die *Strucchi* zum Fest des heiligen Antonius Eremita am 17. Januar an Freunde und Verwandte verschenkt. In manch volkskundlichem Bericht ist nachzulesen, dass sie früher von Mädchen auch als Liebesbotschaften verwendet wurden. Wer hat da wohl widerstehen können?

Adresse Panificio Pasticcerie Cattarossi, Corso Paolino d'Aquileia 10, 33043 Cividale del Friuli (UD), Tel. +39/0432/732152, E-Mail: panificiocattarossi@gmail.com | Zutaten für *Strucchi fritti:* für den Teig 250 g Mehl, 1 TL Trockenhefe, 75 g Zucker, 80 g Butter, 1 Ei und 1 Eigelb, geriebene Zitronenschale, lauwarme Milch, Salz; für die Fülle 250 g gehackte Nüsse, 300 g Rosinen, 50 g Pinienkerne, 100 g kandierte Früchte, 150 g gehackte Mandeln, 50 g geriebene Schokolade, etwas Zimt, je 1 Gläschen Rum und Grappa, 3 EL Semmelbrösel

93__Tiramisù

Das beliebte Dessert »Zieh mich hoch«

Er ist eine »never ending story«, der Streit um die Herkunft der beliebtesten italienischen Süßspeise, des *Tiramisù*, aus Mascarpone-Creme, Löffelbiskuits/Biskotten, Espresso und Kakaopulver. Friuli Venezia Giulia oder Veneto? Streng nach der Papierform bekommt die Region Friaul den Zuschlag, denn im offiziellen Verzeichnis der »Prodotti Agroalimentari Tradizionali« (PAT), also der Auflistung traditioneller Agrarprodukte und Nahrungsmittel, ist es seit 2017 als ein Dessert des Friaul eingetragen.

Aber was den Ursprung angeht, da scheiden sich die Geister. Für die einen steht außer Frage, dass das *Tiramisù* 1951 vom Ristorante Roma in Tolmezzo seinen Ausgang nahm, für die anderen besteht kein Zweifel, dass es in den 1940er Jahren im Ristorante Al Vetturino in Pieris bei San Canzian d'Isonzo entstand, allerdings mit Zabaglione (aus Eigelb und Wein) statt Mascarpone hergestellt und im Glas serviert.

Gegen die offizielle Eintragung ins PAT-Register treten seit Jahren die Veneter auf und betonen, dass das heutige Rezept von 1971 aus Treviso und dem dortigen Restaurant Le Beccherie stamme. Doch auch in Treviso herrscht Konkurrenz, denn auch im Ristorante Al Camin will man es 1956 erstmals serviert haben, später im Ristorante Al Fogher, allerdings mit der Bezeichnung *Coppa Imperiale*. Wäre da noch die Toskana, wo in Siena schon im 17. Jahrhundert ein dem *Tiramisù* sehr ähnliches Dessert als *Zuppa del Duca* für Cosimo III. de' Medici kreiert worden sei.

Gegen den Eintrag im PAT-Register hat jedenfalls bisher niemand erfolgreich Einspruch eingelegt. Also kann in Friaul-Julisch Venetien weiterhin beruhigt die Creme aus Eigelb, Zucker, Mascarpone und Eischnee über die in Kaffee getauchten und in eine Schüssel gelegten Löffelbiskuits verteilt werden; Schicht um Schicht, um dann etwa zwölf Stunden im Kühlschrank durchzuziehen und vor dem Servieren mit Kakaopulver bestreut zu werden.

Zutaten für friulanisches *Tiramisù* (4–6 Pers.): 4 Eier, 300 g Zucker, 500 g Mascarpone, 40–45 Löffelbiskuits/Biskotten, circa 300 ml schwarzer Kaffee (ausgekühlt), circa 100 g Kakaopulver

94 Birra artigianale

Vielfältiges Brauhandwerk

Auch wenn Bier in Friaul-Julisch Venetien keine so große Rolle spielt wie der Wein, entsteht hier doch seit dem 19. Jahrhundert so manch köstliches Gebräu. Eines der berühmtesten Biere Italiens trat seinen Erfolgsweg vom Friaul aus an: Birra Moretti wurde 1859 in Udine gegründet. Die Werbung mit dem schnurrbärtigen Biertrinker war rasch überall bekannt. Beliebt ist dieses Bier immer noch, auch wenn es seit 1996 zum niederländischen Heineken-Konzern gehört und in der Schweiz gebraut wird.

Doch inzwischen sind viele kleinere Brauereien gegründet worden, die mit *birra artigianale*, also handwerklich erzeugtem Bier, Furore machen. Viel gibt es für Bierfreunde zu entdecken. Einige Beispiele: Der Name Zorzettig steht seit Generationen für beste Weine. Doch Marco und Massimo Zorzettig haben sich dem Brauen verschrieben. Seit 2012 entsteht unter ihren Fittichen in San Pietro al Natisone das Bier *Gjulia*. Der Name ist eine Hommage an die Region. In Kooperation mit dieser Brauerei werden auch die Biere der Marke Mandi Mandi produziert, benannt nach dem gleichlautenden friulanischen Gruß, der sich vom lateinischen *Manus Dei* ableitet und Gottes Schutz beschwört. Das Arbeiten mit regionalen Basisprodukten steht bei allen im Zentrum, auch bei der Brauerei Forum Iulii. So lautete der ursprüngliche Name von Cividale del Friuli, dort wird es auch hergestellt. Àgro ist eine kleine Brauerei in Aviano nördlich von Pordenone, südlich davon in Chions ist der Birrificio Zago zu Hause, die Brauerei Casamatta in Enemonzo. In Arta Terme nahe Tolmezzo erzeugt die Brauerei Dimont glutenfreies Bier, das tut auch Luppolo Verde in Polcenigo.

Auffallend mit den weißen Flaschen ist das Bier aus Sauris di Sopra, einer deutschen Sprachinsel, im dortigen Dialekt *Zahre* genannt. 1999 von Sandro und Massimo Petris gegründet ist Zahre Beer mit fünf verschiedenen Sorten eine auf 1.400 Metern Seehöhe gebraute Spezialität.

Adresse Birra Gjulia, www.birragjulia.com; Mandi Mandi, www.birramandimandi.com; Birrificio Forum Iulii, www.forumiulii.it; Birrificio Àgro, www.birrificioagro.it; Zago Birrificio, www.zagobirrificio.it; Birrificio Casamatta, www.birracasamatta.com; Birra Luppolo Verde, www.luppoloverde.it; Birrificio Dimont, www.birradimont.com; Zahre Beer, www.zahrebeer.com

95__Caffè di Trieste

Die Freuden der Kaffeehauptstadt

Wer in Italien einen Kaffee mit geschäumter Milch will, bestellt *un cappuccino*, wer einen Espresso mag, einfach *un caffè*. Das ist auch in fast ganz Friaul-Julisch Venetien so. Fast. In Triest ist es anders. Da heißt *un caffè* nämlich *un nero*, und *un nero in b* ist ein Espresso im Glas, *in bicchiere*. *Un capo* ist ein *caffè macchiato*, also ein Espresso mit einem Schuss Milch. Der *capo in b* ist eines der Symbole von Triest. Wer hier Cappuccino bestellt, bekommt einen Caffè Latte ohne Milchschaum. Dem Cappuccino entspricht ungefähr der *gocciato*. Jede Variante gibt es auch *deca*, also *decaffeinato* beziehungsweise koffeinfrei.

Triest ist die Kaffeehauptstadt. Seit der dortige Hafen 1719 zum Freihafen erklärt wurde, startete der Kaffeeimport einen Höhenflug. Große Namen prägen die Historie: Die Rösterei Hausbrandt wurde 1892 vom ehemaligen Kommandanten der Österreichischen Handelsmarine, Hermann Hausbrandt, begründet. Die Art des Röstens wurde stetig weiterentwickelt, um die Aromen des Rohkaffees besser zur Geltung zu bringen. 1904 entstand die Kaffee-Börse. 1933 wurde gemeinsam mit Francesco Illy die »Illy & Hausbrandt Industria Nazionale Caffè« gegründet. Aus dieser Firma ging die heute weltweit bekannte Firma Illy Caffè hervor. Die Marke Hausbrandt wurde 1988 an die Firma Zanetti in Treviso verkauft. Alessandro Hausbrandt, Urenkel des Firmengründers, musste deshalb 1995 seine Rösterei unter dem Namen Antica Tostatura Triestina aufbauen. Ein weiteres Kleinod ist die Torrefazione La Triestina, eine der ältesten und auch die einzige im Zentrum der Stadt verbliebene Rösterei.

Das erste Kaffeehaus wurde 1748 eröffnet. Das Tommaseo, das Degli Specchi, das San Marco, das Torinese, das Stella Polare – sie alle sind Treffpunkte für Intellektuelle – einst auch für die Anhänger der Unabhängigkeitsbewegung Risorgimento – und Literaten, früher etwa Italo Svevo, James Joyce oder Umberto Saba.

Adresse Illy Caffè – Eataly, Riva Tommaso Gulli 1, 34123 Triest, www.illy.com; Antica Tostatura Triestina, Loc. Stazione di Prosecco 29/a, 34010 Sgonico-Triest, www.attcaffe.it; Torrefazione La Triestina, Via di Cavana 2, 34100 Triest, www.torrefazionelatriestina.it

96_Grappa

Die Kunst der Destillate

Die große Grappa-Tradition der Region hat die Destillerie Nonino als markanteste Säule. 1897 von Orazio Nonino gegründet, beginnt hier 1973 eine neue Ära der Grappa-Produktion: Benito Nonino und seine Frau Giannola erzeugen erstmals einen *Grappa monovitigno*, also aus Trester von nur einer einzigen Rebsorte, zuerst Picolit, danach auch aus anderen autochthonen Sorten wie Schioppettino, Pignolo, Tazzelenghe und Ribolla Gialla. Damit wurde nicht nur ein maßgeblicher Beitrag dazu geleistet, den Anbau dieser alten Sorten zu erhalten, sondern der Grappa wurde von der Stufe eines simplen, uninteressanten Schnapses auf die Stufe eines eleganten, Neugierde erweckenden Destillats gehoben. So hat sich Nonino über die Grenzen hinaus einen Namen gemacht.

Heute ist Nonino mit 66 Brennkolben nicht nur die größte, sondern auch die bekannteste Destillerie. Ausschließlich frischer, von Winzern der Gegend gelieferter Trester wird mit Zucker versehen und fermentiert nur vier Tage lang – so bleibt mehr Aroma erhalten –, ehe destilliert wird. 1 Million Flaschen pro Jahr und 40 verschiedene Produkte entstehen – vom jungen bis zum 25 Jahre gereiften Grappa, von *Acquavite* aus ganzen Trauben bis zu Obstdestillaten und dem Bitterlikör Amaro. Nonino wird aktuell von Benitos und Giannolas Töchtern Cristina, Antonella und Elisabetta geführt und bekommt regelmäßig nationale und internationale Preise verliehen.

Domenis1898 aus Cividale del Friuli mit dem Gründungsdatum im Namen ist für stabile Qualität bekannt. Pagura in Castions di Zoppola, 1879 gegründet, bringt den Grappa statt mit destilliertem Wasser mit frischem Quellwasser auf die gewünschte Alkohol-Gradation. Die Spezialität von Ceschia in Nimis (1886) ist der *Grappa Ramandolo*. Viele Fans haben auch die Destillerien Aquileia in Aquileia, Buiese in Martignacco (beide 1918), Driussi in Gemona del Friuli (1928) und Bepi Tosolini in Povoletto (1943).

Adresse Nonino, Via Aquileia, Fraz. Percoto, 33050 Pavia di Udine (UD), www.grappanonino.it; Verkauf und Führungen nach Voranmeldung: Borgo Nonino, Via Camillo Benso Conte di Cavour 2, 33050 Persereano (UD), www.borgononino.it; Domenis, www.domenis1898.eu; Pagura, www.distilleriapagura.com; Ceschia, www.grappeceschia.it; Aquileia, www.distilleriaquileia.com; Buiese, www.buiese.it; Driussi, www.distilleriadriussi.com; Bepi Tosolini, www.bepitosolini.it

97__Mirtillo

Heidelbeerlikör mit Klasse

Mehr als 42 Prozent der Landesfläche von Friaul-Julisch Venetien sind Bergland, gebildet von den Friaulischen Dolomiten, den Karnischen und den Julischen Alpen. Platz genug also für Wald und damit Platz genug für Heidelbeeren. Die werden gern gesammelt. Roh gegessen oder verarbeitet in Kuchen, Keksen oder Eis – in jedem Fall sind die »kleinen Schwarzen« ein Genuss. Viel weniger bekannt ist, dass aus den *mirtilli*, wie die Heidelbeeren auf Italienisch heißen, vorzüglicher Likör gemacht wird: der Mirtillo. Namhafte Destillerien der Region, zum Beispiel Domenis, Bepi Tosolini, Buiese oder Pagura, haben eigene Rezeptvarianten entwickelt. Wer sich da durchkosten will, hat einiges zu tun.

Die Basis für den Mirtillo ist entweder reiner Alkohol oder Grappa. Wer den zu Hause hat und außerdem noch frische Heidelbeeren, kann starten, um seinen eigenen Mirtillo herzustellen. Die gewaschenen, abgetrockneten Beeren werden in einen verschließbaren Glasbehälter mit Grappa gelegt und bleiben dort etwa zwei Wochen (immer wieder schütteln!). Dann das Ganze durch ein Sieb gießen, um die Heidelbeeren zu entfernen, Zucker in heißem Wasser auflösen, und wenn dieser Sirup ganz ausgekühlt ist, mit dem Alkohol mischen. In Flaschen füllen, diese an einen dunklen, kühlen Ort stellen und sich noch einen Monat gedulden. Dann ist der Mirtillo trinkfertig. Ein Gläschen gefällig? Schmeckt auch über Eis geträufelt vorzüglich. Wer die Heidelbeeren aus dem Alkohol nicht wegwerfen will, belässt sie entweder im Mirtillo oder verwendet sie als Basis für eine Marmelade.

Der kleine Ort Avasinis nahe der Autobahnabfahrt Gemona-Osoppo widmet den *mirtilli* (und den *lamponi*, den Himbeeren) im August ein eigenes Fest. Neben dem Likör finden Genießer dort auch Heidelbeer-Süßigkeiten wie Torten, Kekse, Brot, Eis und Marmeladen, der Großteil davon wird nach alten Rezepten der Einheimischen hergestellt.

Adresse Festa del Lampone e del Mirtillo: Pro Loco amici di Avasinis, Via Piloni 2, 33010 Avasinis (UD), www.prolocoavasinis.org | Zutaten für Mirtillo auf Grappabasis: 200 g Heidelbeeren, 1 l Grappa, ½ l Wasser, 300 g Zucker | Tipp Mirtillo mit Tonic, Eis und Zitrone wird zu einem erfrischenden Drink.

98_Santonego

Meereswermut plus Grappa

Grado und Santonego – das gehört einfach zusammen! Was früher ein Kräuterschnaps der Fischer war, ist heute für die Sonneninsel das, was der Limoncello für die Amalfiküste oder der Finocchietto für Pantelleria ist. Die tragende Rolle hat dabei der Strandbeifuß *Artemisia coerulescens*, also der Meereswermut, auch Santonego genannt. Diese mehrjährige Pflanze wächst in der Lagune von Grado. Ihre silbergrünen Blätter schmecken bitter. »Agrodolce odore del santonego, con quale si profuma la grappa.« – »Der bittersüße Duft von Santonego, mit dem der Grappa parfümiert wird.« So beschreibt der Triestiner Schriftsteller Claudio Magris das traditionelle Getränk, das oft in Gradeser Haushalten mit den im Sommer auf den Laguneninseln selbst gesammelten Wermutpflanzen hergestellt wird. Die fühlen sich hier und am angrenzenden Festland auf den salz- und lehmhaltigen Böden wohl.

Dann kam der Immobilienunternehmer Ivan Merlini und setzte seine Leidenschaft für den Santonego in professionelle Erzeugung um. Er befragte alte Einwohner von Grado, wie sie das Getränk traditionellerweise zubereiten, und nutzte dieses Wissen. 2006 wurden die ersten Flaschen produziert. Ein Extrakt aus den Blättern des Meereswermuts, aber auch anderen aromatischen Lagunenkräutern wird mit bestem friulanischem Grappa kombiniert, das Elixier wird gefiltert und hat am Ende eine grünliche Farbe sowie eine Alkoholgradation von 38 Volumenprozent. In jede Flasche kommt auch ein Ästchen der Pflanze. »Ich wollte den Meereswermut bekannt machen«, sagt Ivan Merlini, »und es ist auch ein ästhetischer Faktor«.

Und so ist der Santonego pur mit seinem angenehm bitteren Abgang überaus beliebt als Digestif, egal ob gekühlt oder nicht. Aber auch Cocktails oder Sorbets kann er einen besonderen Touch verleihen. Gut zu verstehen, dass früher schon die Fischer in ihren *casoni* genannten Hütten ihm gern zusprachen.

Tipp Ivan Merlinis Produktionsbetrieb »Lagunando« erzeugt nicht nur Santonego, sondern verwandelt auch *Finocchio marino* (Meerfenchel) und *Salicornia/Asparago di mare* (Meeresspargel), die in der Lagune von Grado ebenfalls einen idealen Lebensraum haben, in geschmackvolle Aufstriche (www.lagunando.it).

99 Friulano

Der Weißwein als Aushängeschild der Region

Vormittags um 11 Uhr ist Zeit für den *tajut*, ein Glas Wein, das die Friulaner als Aperitif trinken. Meist ist es der Friulano, ein eleganter, trockener Wein, strohgelb mit Blütenbukett, Noten von Steinobst und leichtem Mandelaroma. Vinifiziert wird dieser beliebteste heimische Weißwein aus der Tocai-Friulano-Rebe. Nur: Tocai darf der Wein seit 2007 nicht mehr heißen, weil Ungarn wegen befürchteter Verwechslung mit seinem Süßwein Tokaji beim EU-Gerichtshof geklagt und Recht bekommen hat.

Die Geschichte des *Tocai* ist vielschichtig verzweigt. Es gibt Belege, dass die friulanische Adelige Aurora Formentini 1632 anlässlich ihrer Vermählung mit einem ungarischen Grafen Batthyány viele »Toccai« genannte Reben nach Ungarn gebracht hat. Allerdings: Der süße ungarische Tokaji aus dem Ort Tokaj wird hauptsächlich aus der Rebsorte Furmint gekeltert. DNA-Analysen haben jedenfalls ergeben, dass die friulanische Tocai-Rebe dem aus dem Bordeaux stammenden Sauvignonasse entspricht, einer dort fast verschwundenen Rebe, quasi einem Cousin des Sauvignons, mit dem sie wohl ins Friaul gekommen ist.

Heute ist der Friulano die wichtigste Rebsorte der DOC-Bereiche Friaul-Julisch Venetiens, also der Zonen mit Herkunftsgarantie Carso, Colli Orientali del Friuli, Collio, Friuli Annia, Friuli Aquileia, Friuli Isonzo, Friuli Latisana, Friuli Grave und Lison Pramaggiore. Kaum ein Winzer, der hier nicht Friulano anbaut. Als Wein aus dem Stahltank oder im Holzfass ausgebaut, macht der Friulano Freude, vor allem, wenn er so meisterlich vinifiziert wird wie beispielsweise in den bekannten Weingütern Torre Rosazza in Oleis, Venica & Venica in Dolegna del Collio oder Antiche Tenute Principi di Porcia in Castello di Porcia, aber auch in Cormòns in der Cantina Produttori Cormòns sowie in weniger bekannten wie Kurtin, Vosca oder Caccese. Nicht zu kalt trinken, am besten bei zehn bis zwölf Grad!

Adresse Torre Rosazza, www.torrerosazza.com; Venica & Venica, www.venica.it; Cantina Castello Porcia, www.porcia.com, Cantina Produttori Cormòns, www.cormons.com; Azienda Kurtin, www.kurtin.it; Azienda Agricola Vosca, www.voscavini.it; Paolo Caccese, www.paolocaccese.it | Tipp Bei der Vereinigung »Consorzio DOC Friuli Venezia Giulia« sind viele Detail-Informationen über den Friulano und auch die anderen Weine der Region zu bekommen (www.docfriuli.eu).

100 Glera & Prosecco

Große Liebe zu kleinen Perlen

Alle kennen Prosecco, nur wer kennt Glera? Aber der Reihe nach! Tun wir es doch dem Prosecco nicht an! Nicht alles, was perlt, ist ein Prosecco, auch wenn sich das im Sprachgebrauch vielfach eingebürgert hat. Das schmerzt Weinkenner. Korrekt ist es, *Spumante* (Schaumwein) oder *Frizzante* (Perlwein) zu bestellen, wenn es ein Wein mit *bollicine*, den Kohlensäure-Perlen, sein soll, ohne die Rebsorte näher zu definieren.

Wenn Prosecco, dann wirklich Prosecco. Er wird meist mit Valdobbiadene im Veneto assoziiert, aber die Rebe stammt aus dem Ort Prosecco nahe Triest im Karst. Von dort wurde sie im 18. Jahrhundert ins Veneto exportiert, wo die Vermarktung besser gelang als im Friaul. Bis 2009 hieß auch die Rebsorte Prosecco. Dann legte ein Dekret des Landwirtschaftsministeriums in Rom fest, dass Prosecco nur als Herkunftsbezeichnung fungieren darf. Das dient der Qualitätssicherung und soll verhindern, dass – wie oft geschehen – überall auf der Welt *Prosecco* auf sprudelnde Weine geschrieben wird.

Die Rebsorte heißt seitdem offiziell Glera, was eine uralte Bezeichnung der Prosecco-Rebe aus dem Karst war. Dasselbe Dekret definiert als Prosecco-DOCG-Zone – die höchste Qualitätsmarke Denominazione di Origine Controllata e Garantita – nur Conegliano Valdobbiadene im Veneto, aber als Produktionszonen für Prosecco DOC (Denominazione di Origine Controllata) sowohl das Veneto als auch Friaul-Julisch Venetien. Hier widmen sich sowohl ganz große Produzenten wie die Kooperative La Delizia in Casarsa als auch ganz kleine wie das Bio-Weingut Pradego in Caneva erfolgreich dem Prosecco. Am besten zu trinken bei etwa sechs Grad.

Glera wird inzwischen auch wieder öfter als *vino fermo*, als stiller Wein ohne Kohlensäure, ausgebaut. Auch in dieser Form macht ihn sein fruchtiges Aroma von Akazienblüten und Pfirsich zum Genuss, was unter anderem die Azienda Sancin bei Triest beweist.

Adresse Viticoltori Friulani La Delizia, Via Udine 24, 33072 Casarsa della Delizia (PN), www.ladelizia.com; Pradego – Vigneto Biologico, Via Turati 2, 33070 Caneva (PN), www.pradego.it; Azienda Agricola Sancin, Monte d'Oro/Mont 173, 34018 San Dorligo della Valle (TS), www.sancin.com

101 Malvasia

Der Weiße mit besonders vielen Aromen

Im Mittelalter galt er als Heilmittel für allerlei Krankheiten, heute kann der Malvasia für Weinfreunde ein – ironisch gemeint – »Suchtfaktor« werden. Veilchen, Ananas, Birnen, Pfeffer, Gewürze – solche Duft- und Geschmacksnoten bietet er. »Ein Wein, bei dem sich die Primäraromen sehr gut entwickeln!« So beschreiben ihn Roberto Komjanc und seine Frau Raffaella. Ein *Semi-Aromatico*, also ein »halb-aromatischer« Wein, im Unterschied zu aromatischen Sorten wie Muskateller oder Traminer.

Bei San Floriano del Collio liegt das nach Robertos Vater benannte und von diesem in den 1970er Jahren gegründete Weingut Alessio Komjanc & Figli. Roberto und seine drei Brüder Beniamin, Patrik und Ivan haben verschiedene Aufgaben im Weingut übernommen. Seit 2015 werden sie vom Top-Önologen Gianni Menotti beraten und regelmäßig mit Weinpreisen bedacht. Der Malvasia wird hier sortenrein im Stahltank ausgebaut. Aber er ist auch Teil des *Bratje*: Vier Brüder – slowenisch »Bratje« –, vier Rebsorten, daraus entsteht ein Gemischter Satz aus je 40 Prozent Friulano und Malvasia, 19 Prozent Ribolla Gialla und 1 Prozent Picolit. Diese Trauben werden gemeinsam vinifiziert, im Unterschied zu einem Cuvée, da werden verschiedene fertige Weine gemischt beziehungsweise verschnitten. Die Malvasia-Aromen sind tragende Elemente des *Bratje*.

Auch wenn er nicht zu den autochthonen, also nur in Friaul-Julisch Venetien heimischen Weinen zählt, so ist der Malvasia doch einer der typischen Weine der Region. *Malvasia istriana* heißt die hier gepflanzte Sorte aus der großen Malvasia-Familie. Wie der Name zeigt, kam die Rebe aus Istrien in den Karst und in den Collio. Inzwischen wird sie auch in der Ebene angebaut. Ursprünglich stammt der Malvasia wohl aus Griechenland und wurde von den Venezianern importiert.

Die beste Trinktemperatur liegt bei acht bis zehn Grad. Freunde des Prickelnden erfreuen sich am Malvasia Spumante.

Adresse Azienda Alessio Komjanc e Figli, Località Giasbana 35, 34070 San Floriano del Collio (GO), www.komjancalessio.com | Tipp In der Enoteca di Cormòns und auch in der Enoteca De Feo in Cividale del Friuli kann man viele Weine, darunter auch Malvasia, von verschiedensten Weingütern probieren (www.facebook.com/enoteca.cormons, www.enotecadefeo.it).

102 Picolit

Ein Süßwein zum Meditieren

»Der Picolit hat den Reiz einer Frau, deren Schönheit aus Tausenden ausgeglichenen und edlen Nuancen besteht und in die man sich immer mehr verliebt, je mehr man sie ansieht [...] obwohl er süß ist, betäubt er den Gaumen nicht, sondern füllt ihn mit anhaltenden aromatischen Eindrücken.« Das schrieb Luigi Veronelli (1926–2004), der einst einflussreichste Weinjournalist Italiens. Gräfin Giuseppina Perusini hatte ihm 1959 den Picolit vorgestellt. Heutige Urteile sind ebenso vorteilhaft: ein Wein zum Meditieren, voller Eleganz und Raffinesse. Seit Beginn des 20. Jahrhunderts hat sich die Familie Perusini um diesen Wein angenommen, erst Giacomo, dann auch sein Sohn Gaetano. Das heute von Carlo, Michele und Tommaso, den Söhnen von Teresa Perusini und ihrem Mann Giacomo de Pace, geführte Weingut in Corno di Rosazzo hält nach wie vor die Tradition hoch, die Picolit-Trauben als Trockenbeerenauslese aufs Feinste zu vinifizieren.

Schon im 18. Jahrhundert beschrieb Graf Fabio Asquini aus Fagagna diesen »Nektar, der von den spärlichen Beeren produziert wird«. Die Traube bildet nämlich oft nur wenige Beeren. Asquini verschickte den Picolit an Herrscherhäuser in Frankreich, Österreich und Russland, an den Papst und an die Dogen von Venedig. Zur allseitigen Begeisterung. Mit dem Tod des Grafen begann der Niedergang dieses Weins, bis er dank der Familie Perusini wieder auflebte.

Heute werden die Picolit-Reben im DOCG-Gebiet Colli Orientali del Friuli Picolit – etwa von Tarcento im Norden bis Corno di Rosazzo im Süden – von etlichen Winzern angebaut. Der Wein sorgt mit seinem Duft nach Honig und getrockneten Früchten für Genussmomente, am Gaumen mit Aromen tropischer Früchte und Orangenblüten, in einer harmonischen Balance von Süße und Säure. Er passt ideal zu feinen Desserts, kann aber auch einfach so am besten mit einer Temperatur von 14 bis 16 Grad getrunken werden.

Adresse Perusini Società Agricola, Via del Torrione 13, 33040 Corno di Rosazzo (UD), www.perusini.com | **Tipp** Die Familie Perusini ist sehr kunstbeflissen. Im Weingut steht ein Turm des Architekten Augusto Romano Burelli; in darin befindlichen Büroräumen hat der Künstler Leon Tarasewicz Wände mit bunten Streifen gestaltet, angeregt von herbstlich gefärbten Weinreihen.

103_ Pignolo

Ein großer Rotwein von heiklen Reben

Ein Luxuswein, der wahre große Rotwein der Region, der komische Kauz unter den Friaul-Weinen – die Beschreibungen des Pignolo weisen auf Außergewöhnliches. »Er erinnert an die dichte Textur von Brokatstoffen«, so heißt es im Weingut Paolo Rodaro über den *Romain Pignolo*, der zu den besten zählt. Ob Zorzettig oder Dorigo, La Viarte oder Moschioni, Zamò oder Specogna, um nur einige zu nennen – jeder Winzer von Rang hat den Ehrgeiz, einen großen Pignolo zu machen. In jedem Fall ist der Duft des rubinroten Weins nach roten Früchten, Sauerkirschen, Holztönen und dunkler Schokolade intensiv. Sein kräftiger, von Tanninen und ausgeglichener Säure geprägter Geschmack ist erst kantig, dann harmonisch. Der Wein ruft nach Reifung im Barrique (225-Liter-Holzfass) über mindestens 24 Monate hinweg. Ehe er getrunken wird, sollte er den fünften Geburtstag schon erlebt haben. Aber auch noch nach 20 Jahren zeigt er seine Grandezza.

Der »Geburtsort« dieses autochthonen Rotweins dürfte die Abtei Rosazzo östlich von Udine sein, heute im Weinbaugebiet Colli Orientali gelegen. Sehr wahrscheinlich waren es die Benediktinermönche dieses uralten Klosters, die ihn selektierten. Das erste Dokument, in dem er erwähnt wird, stammt aus dem Jahr 1398. Wie andere heimische Rebsorten schien der Pignolo nach der Reblauskrise und den Weltkriegen verschwunden. Doch in den 1970er Jahren wurde er mit Ablegern von wiederentdeckten, mehr als 100 Jahre alten Reben erneut gezüchtet. *Pignolo* bedeutet kleinlich, und das ist die Rebe mit ihrem gar nicht einfachen Charakter auch: klein im Ertrag und empfindlich in Bezug auf Rebkrankheiten.

Der Pignolo DOC, also der mit der Qualitätsmarke kontrollierter Herkunft »Denominazione di origine controllata«, ist ein herrlicher Begleiter zu jeder Art von Fleisch, sollte ein paar Stunden vor dem Genuss geöffnet und mit einer Temperatur von 16 bis 18 Grad getrunken werden.

Adresse Rodaro Paolo Vini, www.rodaropaolo.it; Zorzettig, www.zorzettigvini.it; Alessio Dorigo, www.dorigowines.com; La Viarte, www.laviarte.it; Le Vigne di Zamò, www.levignedizamo.wine; Moschioni, www.michelemoschioni.it; Azienda Agricola Specogna, www.specogna.it

104 Ramandolo

Der Süßwein aus dem Norden des Friaul

Er leuchtet intensiv golden, hat das Aroma von Akazie, Honig, reifen Früchten und Vanille, ist süß, aber nicht zu süß, weil sich Süße und Säure harmonisch mit ausgeprägten Tanninen verbinden – am Gaumen einfach eine Freude. Der Ramandolo ist eine Süßwein-Rarität aus Verduzzo-Trauben, die im gleichnamigen Ortsteil von Nimis und in Teilen der Gemeinde Tarcento vinifiziert wird, also im nördlichsten Weinanbaugebiet Friaul-Julisch Venetiens auf bis zu 400 Metern Seehöhe. An den Hängen des Monte Bernadia liegen die Weingärten oft in schmalen Terrassen, die vorwiegend von Hand bearbeitet werden. Die DOCG-Klassifizierung, also das Qualitätslevel »Denominazione di Origine Controllata e Garantita« (kontrollierte und garantierte Ursprungsbezeichnung), war 2001 die erste in der Region, zuvor war der Wein einfach Teil des DOC-Gebietes Colli Orientali (also mit kontrollierter Herkunft). Winzer wie Dario Coos, Ivan Monai vom Weingut Anna Berra oder Sandro und Marco Vizzutti zählen zu den Besten ihres Fachs.

Die weiße Rebsorte *Verduzzo Friulano* ist in zwei Varianten bekannt: Aus dem *Verduzzo verde* wird in der Ebene meist ein trockener Wein gekeltert, aus dem *Verduzzo giallo* entsteht der Ramandolo. Pro Jahr werden nur etwa 150.000 Flaschen gewonnen, wie die örtliche Winzervereinigung »Oro di Ramandolo« festhält. Es ist ein Passito-Wein (*appassire* heißt trocknen). Die Trauben trocknen meist an den Reben bis weit in den Herbst hinein – gelesen wird im Oktober oder November – und/oder nach der Lese in kleinen Kisten, auf Gittern oder Strohmatten, ehe sie gepresst werden. Das erhöht den Zucker- und Extraktgehalt. Vinifiziert wird sowohl im Stahltank als auch in Barrique-Fässern.

Der Wein muss mindestens 14 Volumenprozent Alkohol aufweisen. Ob zur Gänseleber, zu Käse oder zum Dessert – der Ramandolo mit einer optimalen Trinktemperatur von zehn bis zwölf Grad ist stets eine ideale Ergänzung.

Adresse Società Agricola Dario Coos, www.dariocoos.it; Azienda vinicola Anna Berra di Ivan Monai, www.annaberra.it; Cantina Vizzutti Sandro e Marco, www.vizzutti.it; Associazione Produttori del Ramandolo, www.orodiramandolo.it | Tipp Außer dem Ramandolo wird aus dem Verduzzo Friulano von Winzern in den Colli Orientali und in der Ebene ein schlicht »Verduzzo« genannter, nach Akazienblüten duftender Süßwein gekeltert.

105 Refosco

Die vielfältige Rotwein-Familie

Wer zwischen Pordenone und Triest *vino rosso* sagt, muss auch Refosco sagen! Nicht eine Rebsorte, sondern eine Rebfamilie trägt diesen Namen. Von den heimischen Rotweinen ist der *Refosco dal Peduncolo Rosso* (mit dem roten Stiel) der bekannteste. Er wächst auf allen Böden gut. Aus ihm lässt sich viel herausholen, wenn der Winzer nicht auf Menge setzt. Da wird er im Stahltank zu einem erfreulichen, kraftvollen Speisenbegleiter. Als Passito bekommt er eine besonders intensive Struktur. Was zum Beispiel der *Rosso Majon* des Weingutes Ferrin in Camino al Tagliamento zeigt. Paolo Ferrin lässt die Trauben etwa einen Monat in Kisten vortrocknen (italienisch *appassire*), ehe sie gepresst werden. In großen Eichenfässern reift der *Rosso Majon* mindestens zwölf Monate lang und erhält so einen intensiven Geschmack, der an Kirschen und Waldfrüchte erinnert. Er soll mit 18 bis 20 Grad serviert werden.

Das gilt auch für den *Refosco di Faedis Riserva*, der im Weingut Zani 24 Monate in großen Eichenfässern reifen darf, um seine Brombeer- und Waldfrüchte-Charakteristik zu entwickeln. Dieser Wein und sein »Bruder« aus dem Stahltank stammen aus dem Ort Faedis im Weinbaugebiet Colli Orientali. Der *Refosco di Faedis* ist eine eher rare Variante. Insgesamt nur etwa 60 Hektar sind mit dieser Rebe bepflanzt. Fünf davon bewirtschaftet Claudio Zani. Er ist auch stolz auf den vermutlich ältesten Weingarten Friaul-Julisch Venetiens. 1895 wurde er gepflanzt und hat erstaunlicherweise die Reblauskrise und zwei Weltkriege überstanden.

Zur Refosco-Familie gehören ebenso *Refosco d'Istria, Refosco di Rauscedo, Refosco Magnacan* und der *Refoscone*, die alle eher lokal bekannt sind. Einer der renommierten Karst-Weine ist der *Terrano*, eigentlich *Refosco dal Peduncolo Verde* (mit dem grünen Stiel). Nur wenn ihn Winzer wie zum Beispiel Sandi Škerk, Matej Lupinc oder Benjamin Zidarich im Karst auf der eisenhaltigen roten Erde anbauen, darf er Terrano genannt werden.

Adresse Azienda Agricola Paolo Ferrin, Casali Maione 8, 33030 Camino al Tagliamento (UD), www.ferrin.it; Azienda Agricola Zani Elvio di Zani Claudio, Via Cividale 3, 33040 Faedis (UD), www.vinizani.it; Azienda Agricola Škerk, Località Prepotto 21/A, 34011 Duino Aurisina (TS), www.facebook.com/aziendaagricolaskerk

106 Ribolla Gialla

Ein Weißwein mit Karriere – still und prickelnd

Akazien- und Kastanientöne, feine Säure und Zitrusaromen – das zeichnet den Ribolla Gialla aus. Er zählt zu den ältesten autochthonen Weinsorten, ist also ein Markenzeichen der Weinwelt Friaul-Julisch Venetiens. Der Weinexperte Enos Costantini schreibt über den Ribolla, der Name sei schon im Mittelalter aufgetaucht, aber zunächst als Bezeichnung für Qualitätswein unterschiedlicher Rebsorten, erstmals sei er im Jahr 1341 in einem Dokument der Abbazia di Rosazzo erwähnt worden. Um 1500 zählte er zu den Lieblingsweinen der Dogen von Venedig. Erst im 18. Jahrhundert bezeichnet Ribolla Gialla die Rebsorte.

DNA-Analysen haben gezeigt, dass der Ribolla Gialla genetisch der alten französischen Sorte *Gouais* ähnelt. In den letzten Jahren wurden in alten Weingärten Ribolla-Gialla-Reben gesucht und zur Erzeugung von Klonen verwendet. In den Rebschulen gibt es inzwischen vielerlei Varianten.

Heute wird die Sorte immer öfter auch für Spumante verwendet, als Alternative zum Prosecco, in Méthode Charmat (vergoren im Stahltank) oder in klassischer Champagner-Methode (Flaschengärung). Dieser Aufstieg des *Ribolla Gialla Spumante* ist primär das Verdienst von Manlio Collavini, einem Grandseigneur unter den friulanischen Winzern. Er hat in den 1980er Jahren als Erster diesen Spumante auf den Markt gebracht. Er erzählt, schon zehn Jahre zuvor habe Gaetano Perusini auf den Ribolla als sehr geeignet zur Spumante-Erzeugung hingewiesen. Collavini hat dann die Méthode Charmat, bei der die zweite Gärung im Stahltank erfolgt, weiterentwickelt: Die Tanks stehen dabei nicht senkrecht, sondern liegen. Dadurch wird die Fläche zwischen Wein und Hefe größer, ein Plus für die Gärung.

Das Weingut Collavini wird heute von Manlios Söhnen Luigi und Giovanni geführt. Viele Winzer setzen inzwischen auf prickelnde Varianten des Ribolla Gialla. Die Trinktemperatur sollte acht bis zehn Grad betragen.

Adresse Eugenio Collavini Viticoltori, Via Ribolla Gialla 2, 33040 Corno di Rosazzo (UD), www.collavini.it; Vigneti Pietro Pittaro, Via Udine 67, 33030 Codroipo (UD), www.vignetipittaro.com; Ermacora Dario e Luciano Società Agricola, Via Solzaredo 9, 33040 Ipplis di Premariacco (UD), www.ermacora.it | Tipp Nudeln aus Ribolla-Gialla-Trester? Unglaublich, aber wahr! Roberto Franzin, einst gefragter Koch, heute Pasta-Erzeuger, macht aus Trauben-Pressrückständen Mehl und daraus die delikaten Tagliolini »Humi rebula« unter der Marke Macino Fine Food. Der Macino-Shop in Trivignano bei Palmanova in der Via Udine 15 ist voll von verschiedenen, ganz neu interpretierten Teigwaren (www.macino.net).

107 Schioppettino

Ein Rotwein voller Kraft und Körper

Anfang August steht die Brücke über den Fluss Judrio zwischen den Orten Dolegna und Prepotto im Zeichen eines besonders interessanten Rotweins, des Schioppettino. Winzer der Gegend laden zur Verkostung ein. Rubinrot, von intensivem Duft mit Noten von Pfeffer und Gewürznelken, aber auch von Waldfrüchten und Kirschen, am Gaumen frisch, doch dank des Tanningehalts mit intensivem Körper. All das rundet sich harmonisch. Entsprechend fixer Regeln zur Vinifizierung muss der Schioppettino mindestens zwölf Monate im Holzfass reifen, frühestens nach zwei Jahren darf er verkauft werden.

Nur in der Gegend um Prepotto nahe Cividale del Friuli (nicht zu verwechseln mit Prepotto im Karst bei Triest) wird er angebaut. Fallweise auch Ribolla Nera genannt, ist er jedoch laut DNA-Analyse keine Mutation des weißen Ribolla Gialla. Der Name Schioppettino kommt vom Wort *scoppiettare*, das das knackende Geräusch bezeichnet, mit dem die Trauben wegen ihrer harten Haut platzen. Schon im Mittelalter wuchs diese Rebe hier auf wenigen Quadratkilometern. Allerdings hatten bis in die 1950er Jahre die Reblaus und andere Krankheiten den Schioppettino fast ausgelöscht. Es ist vor allem Paolo und Dina Rapuzzi von der Azienda Ronchi di Cialla (heute geführt von den Söhnen Pierpaolo und Ivan) zu verdanken, dass er in den 1970er Jahren wiederentdeckt und ins Sortenregister eingetragen wurde. 1977 war er der erste Rotwein der Region, der im Barrique-Fass ausgebaut wurde.

Heute entstehen auch in Weingütern wie Vigna Petrussa, Grillo Iole, Marinig, Venica & Venica, Colli di Poianis oder Lenuzza famose Spielarten des Schioppettino. Die sich in der Enoteca dello Schioppettino, als die Marco Grassis Trattoria Da Mario (benannt nach Marcos Vater) in Prepotto fungiert, rund ums Jahr verkosten lassen. Zu allen kräftigen Speisen passt die Struktur dieses Weins sehr gut, die beste Trinktemperatur liegt bei 16 bis 18 Grad.

Adresse Trattoria Da Mario/Enoteca dello Schioppettino, Via XXIV Maggio 16, 33040 Prepotto (UD), www.facebook.com/enotecadelloschioppettino; Ronchi di Cialla, Via Cialla 47, 33040 Prepotto (UD), www.ronchidicialla.it; Vigna Petrussa, www.vignapetrussa.it; Grillo Iole, www.vinigrillo.it; Marinig, www.marinig.it; Colli di Poianis, www.collidipoianis.it; Vigna Lenuzza, www.vignalenuzza.it; Associazione Produttori Schioppetino di Prepotto, www.schioppettinodiprepotto.it

108 Scialin, Fumat & Co.

Die Wein-Raritäten des Emilio Bulfon

Die kleine Kirche Santa Maria dei Battuti in Valeriano, einem Ort der Gemeinde Pinzano al Tagliamento, birgt ein Fresko aus dem 14. Jahrhundert mit der Darstellung des Abendmahls. Ein Ausschnitt davon macht die Etiketten der Weine der nahe gelegenen Azienda von Emilio Bulfon unverwechselbar. Doch etwas Besonderes sind vor allem die Rebsorten, die hier am Fuß der friulanischen Berge kultiviert werden. Emilio Bulfon hat seit den 1970er Jahren alte, vergessene Reben aus verlassenen Weingärten des westlichen Friaul in Kooperation mit Experten des Weinbau-Versuchsinstitutes in Conegliano gefunden, identifiziert und nachgezüchtet. So wächst heute in etwa elf Hektar Weingärten nur Entdeckenswertes. Die ganze Familie ist mit dabei, Emilios Frau Noemi genauso wie sein Sohn Lorenzo, der nun das Weingut führt, und seine Tochter Alberta.

Der weiße Sciaglin etwa mit seinem frischen, blumigen Bukett leitet seinen Namen von *vino della Slavia*, aus dem Slawischen stammend, her. Rund um Spilimbergo gab es ihn schon vor 400 Jahren. Die weiße Rebsorte *Ucelùt* ist benannt nach den *uve uccelline*, den bei Vögeln, den *ucelli*, besonders beliebten Trauben. Ein süßer Tropfen, der zum Dessert genauso passt wie zu reifem Käse. Die roten *Forgiarin, Cjanorie* und *Cordenossa* sind durchwegs fruchtige, harmonische Weine mit Struktur, sie waren früher rund um San Daniele, Spilimbergo und Maniago heimisch. Der rubinfarbene *Piculit Neri* (nicht zu verwechseln mit dem weißen Süßwein Picolit) ist der Star unter Bulfons Roten, sowohl klassisch ausgebaut als auch als Passito, für den die Trauben vor dem Pressen einige Wochen getrocknet werden – weich und trotzdem ausgestattet mit den für lange Lagerfähigkeit nötigen Tanninen. Über diese verfügt auch die jüngste Entdeckung Emilio Bulfons, der Fumat. »Den lässt man am besten drei, vier Jahre alt werden, ehe man ihn genießt«, empfiehlt er.

Adresse I Vini di Emilio Bulfon, Via Roma 4, 33094 Valeriano (PN), www.bulfon.it | Tipp In der Trattoria Ivana e Secondo in Pinzano sind nicht nur Weinfreunde kulinarisch und mit Blick auf den Tagliamento bestens aufgehoben (www.facebook.com/trattoriadaivanaesecondo). Am anderen Ufer des Tagliamento in Ragogna sorgt direkt am Fluss die Trattoria Al Vecjo Traghet mit traditioneller Küche für Stärkung (www.alvecjotraghet.it).

109_Tazzelenghe

Ein Rotwein »schneidet die Zunge«

Es ist kein Zufall, dass der Name dieses Weins Tazzelenghe lautet, was auf Italienisch *taglialingua* bedeutet, übersetzt »schneidet die Zunge«. Denn dieser rubinrote Wein wird geprägt von sehr kräftigen Tanninen, verstärkt durch beständige Säure. Ein robuster Wein, solange er jung ist, doch wenn er eine Reifung im Holzfass hinter sich hat und ein paar Jahre alt geworden ist, bekommt er eine besondere Eleganz im Geschmack mit feinen fruchtigen Noten. In sein Rot mischen sich violette Reflexe. Er ist besonders lagerfähig.

Die Rebsorte Tazzelenghe gehört zur Refosco-Familie, am ähnlichsten ist dem Tazzelenghe der *Refosco di Faedis*. Woher er stammt, weiß man nicht sicher, allerdings zählt er zu jenen uralten Reben, die früher in langen Reihen an den Hügeln wuchsen. Erstmals erwähnt wurde der Name Tazzelenghe 1823. Anfang des 20. Jahrhunderts war er fast vergessen. Der Weinhistoriker und -journalist Stefano Cosma beschreibt in seiner Abhandlung über den Tazzelenghe, dass an dessen Wiederentdeckung maßgeblich die Destillerie Nonino beteiligt gewesen sei, die als erste in den 1970er Jahren reinsortigen Grappa zu brennen begann und alte autochthone Rebsorten dafür auswählte.

Heute wird er im DOC-Gebiet Colli Orientali vor allem in den Hügeln von Cividale del Friuli, Rosazzo, Manzano und Buttrio angebaut, allerdings in geringen Mengen. Insgesamt bepflanzen etwa 10 Winzer nur 6,5 Hektar mit dieser Rebsorte, die Jahresproduktion beträgt circa 13.000 Flaschen. Das Weingut Conte d'Attimis Maniago, dessen Tazzelenghe besonders gefragt ist, erzeugt jährlich nur etwa 1.200 Flaschen und 60 Magnum Tazzelenghe, berichtet Fabio d'Attimis Maniago. Etwa 30 Monate reift dieser Wein in Barrique-Fässern. Zu rustikalen Speisen nicht nur der friulanischen Küche und Fleisch aller Art ist er ein überzeugender Begleiter. Getrunken wird er am besten mit einer Temperatur von 18 bis 20 Grad.

Adresse Conte d'Attimis Maniago, Via Sottomonte 21, 33042 Buttrio (UD), www.conteattimismaniago.it; Colutta Gianpaolo, www.colutta.it; Casella, www.vinicasella.com; Jacuss, www.jacuss.it; La Viarte, www.laviarte.it; Le Due Torri, www.leduetorrivini.com; Pitticco, www.pitticco.com; Ronco Margherita, www.roncomargherita.it

110 Vitovska

Der erfrischende Weiße aus dem Karst

Welch eine Aussicht! Von der Terrasse des Weingutes von Benjamin Zidarich in Prepotto bei Triest kann der Blick über die Weingärten bis hinunter zum Meer schweifen. Am besten mit einem Glas Vitovska. Dieser strohgelbe Wein mit seinen goldenen Reflexen, fruchtig duftend nach Birne oder Pfirsich, Zitrusfrüchten und Salbei, am Gaumen frisch mit mineralischen Noten und Mandelaroma, gilt als ein Symbol der Karstlandschaft.

Laut DNA-Analysen ist die Vitovska-Rebe als natürliche Kreuzung zwischen Malvasia und der Prosecco-Rebe Glera entstanden. Sie ist widerstandsfähig gegen Trockenheit und auch gegen Frost, denn sie treibt spät aus. Ein wichtiger Faktor, denn der eiskalte Wind Bora bläst oft noch im Frühjahr über die steinigen Weingärten mit der eisenhaltigen Erde. Der Weinhistoriker Stefano Cosma schreibt, in der Vergangenheit sei diese Rebsorte *Garganja* genannt worden, eine Baumschule in Cattinara habe Stecklinge schon ab 1824 verkauft. Der jüngere Name Vitovska dürfte vom slowenischen Ort Vitovlje im nahen Vipava-Tal stammen.

Die Rebsorte war fast ausgestorben, als Benjamin Zidarich und sein Winzerkollege Edi Kante sich ihrer in den 1980er Jahren annahmen. Erst seit 1996 ist sie als DOC-Rebsorte anerkannt. Zidarich macht seine Vitovska-Varianten auf ganz traditionelle Art. So finden etwa für seine Linie *Kamen* (das heißt Stein) Mazeration und Fermentation in Gefäßen aus Karstgestein statt. Keine künstlichen Hefen, keine Filtration, so lautet sein Credo. Und: Reife braucht Zeit, erst nach zwei Jahren kommen seine Weißen in den Verkauf. Paolo Vodopivec vinifiziert den Vitovska in Terrakotta-Amphoren aus Georgien, um das typische Aroma hervorzulocken. Auch bei den Winzern Lupinc und Škerk entsteht bester Vitovska. Der kann mit einer Trinktemperatur von acht bis zehn Grad als Aperitif ebenso begeistern wie zu Fisch, weißem Fleisch oder frischem Käse.

Adresse Zidarich Benjamin, Località Prepotto 23, 34011 Duino Aurisina (TS), www.zidarich.it; Kante Edi, Località Prepotto 1/a, 34011 Duino Aurisina (TS), www.kante.it; Vodopivec Paolo, www.vodopivec.it; Lupinc Matej, www.facebook.com/lupinc.it; Škerk, www.carsokraswineclub.it/produttore/azienda-agricola-skerk

111_Die Zukunft: Varietà Piwi

Widerstandsfähige Rebzüchtungen im Kommen

Besten Wein machen und zugleich nachhaltig arbeiten – so lautet das Motto von immer mehr Winzern auch in Friaul-Julisch Venetien. Sie setzen auf Piwi-Weine, also pilzwiderstandsfähige Sorten. Die vom deutschen Wort abgeleitete Abkürzung »Piwi« wird auch in Italien verwendet.

Nicht nur für Dino De Marchi ist das die Zukunft. Seine acht Hektar große Azienda Albafiorita in Latisana hat er auf Bio-Produktion umgestellt, und er beweist auch, dass sich *Varietà resistenti*, die resistenten Sorten, in feine Weine verwandeln lassen. Dino arbeitet mit *Soreli,* einer Kreuzung aus Friulano und Kozma 20-3, einer gegen Pilzkrankheiten und Frost widerstandsfähigen Neuzüchtung. Außerdem setzt er auf den Piwi-Sauvignon *Kretos*. Aus diesen Sorten entstehen zwei delikate Cuvées: *M'ama*, der etwa acht Monate im Stahltank auf feiner Hefe bleibt, und *Soffio*, der zwei Jahre im Barrique reift.

Dino hat die roten Sorten *Pinot Kors* und *Merlot Klorus* ausgesetzt, um sein Piwi-Projekt zu erweitern. Im Friaul entstehen solche Neuzüchtungen als Kooperation der Universität Udine und des Forschungszentrums »Casa 40« der riesigen Rebschule VCR Vivai Cooperativi Rauscedo. Von den winzigen Blüten des Weins werden die männlichen Staubgefäße entfernt, die Befruchtung erfolgt mit dem Pollen einer jeweils anderen Sorte. Von etwa 1.000 so erzeugten Kreuzungen werden die widerstandsfähigsten ausgesucht. Da bleiben oft nur zwei übrig. Dann folgt die Bürokratie der offiziellen Zulassung. »In den nächsten Jahren wird es auch resistenten Glera für die Prosecco-Produktion geben«, weiß Dino und betont: »Es macht schon einen Unterschied, ob die Reben statt 18 Mal nur 5 Mal gegen Krankheiten gespritzt werden müssen – bei Bio-Produktion nur mit Schwefel und Kupfer.« Positiver Zusatzeffekt: Weniger Wasser wird verbraucht, durch seltenere Traktorfahrten im Weingarten wird Treibstoff gespart und der Boden weniger verdichtet.

Adresse Azienda e Agriturismo Albafiorita, Via Crosere 115, 33054 Latisana (UD), www.albafiorita.com; Centro Sperimentale »Casa 40« dei Vivai Cooperativi Rauscedo, Via Udine 39, 33095 Rauscedo (UD), www.vivairauscedo.com

Gisela Hopfmüller,
Franz Hlavac
111 Ideen für einen besonderen Garten
ISBN 978-3-7408-1382-6

Franz Hlavac,
Gisela Hopfmüller
111 Orte in Friaul und Julisch Venetien, die man gesehen haben muss
ISBN 978-3-7408-0575-3

Carsten Henn, Torsten Goffin
111 Mal lecker essen in Köln
ISBN 978-3-7408-2121-0

Martin Bierobelix Seidl,
Martin Droschke
111 Biere aus Österreich, die man getrunken haben muss
ISBN 978-3-7408-2114-2

Lothar Simmank
111 Mal lecker essen in Nordhessen – Wo's schmegged
ISBN 978-3-7408-2061-9

Thomas Rosky
111 (Klein)Gartenlokale in und um München, die man kennen muss
ISBN 978-3-7408-1453-3

Evelyn Pschak von Rebay
111 Mal sauguad essen in München
ISBN 978-3-7408-2202-6

Thomas Fuchs
111 Deutsche Biere, die man getrunken haben muss
ISBN 978-3-7408-1801-2

Ulrich Kohlmann
111 Weinorte in der Toskana, die man gesehen haben muss
ISBN 978-3-7408-1741-1

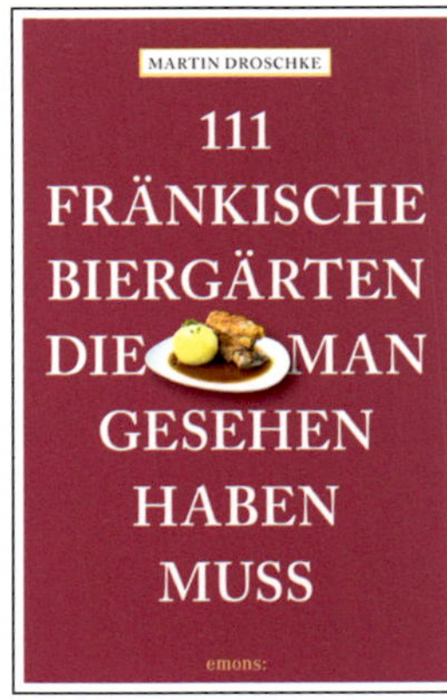

Martin Droschke
111 fränkische Biergärten, die man gesehen haben muss
ISBN 978-3-7408-1956-9

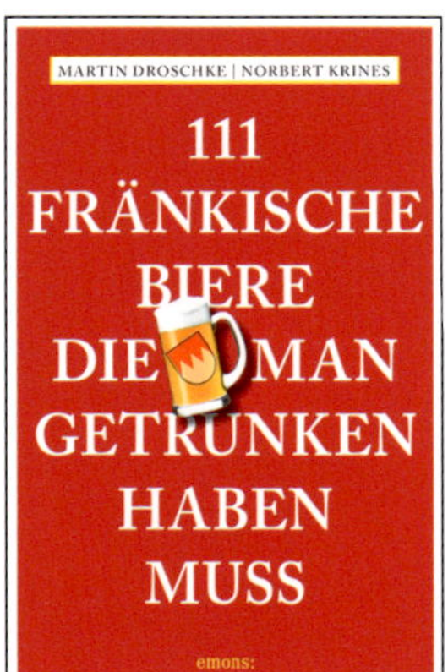

Martin Droschke, Norbert Krines
111 Fränkische Biere, die man getrunken haben muss
ISBN 978-3-7408-1835-7

Peter Eickhoff
111 Südtiroler Gasthäuser, die man kennen muss
ISBN 978-3-7408-0137-3

Daniela Dejnega, Luzia Schrampf
111 Schaumweine aus aller Welt, die man getrunken haben muss
ISBN 978-3-7408-1222-5

Carsten Henn
111 Weine aus aller Welt, die man getrunken haben muss
ISBN 978-3-7408-0859-4

Pierre Thomas
111 Schweizer Weine, die man getrunken haben muss
ISBN 978-3-7408-1301-7

Martin Roos,
Jean-Claude Bourgueil
111 Orte in der Champagne, die man gesehen haben muss
ISBN 978-3-7408-1084-9

Martin Droschke
111 Biere aus Altbayern und Bayerisch-Schwaben, die man getrunken haben muss
ISBN 978-3-7408-1069-6

Carsten Henn
111 Deutsche Weine, die man getrunken haben muss
ISBN 978-3-7408-0732-0

Daniela Dejnega, Luzia Schrampf
111 Weine aus Österreich, die man getrunken haben muss
ISBN 978-3-7408-0618-7

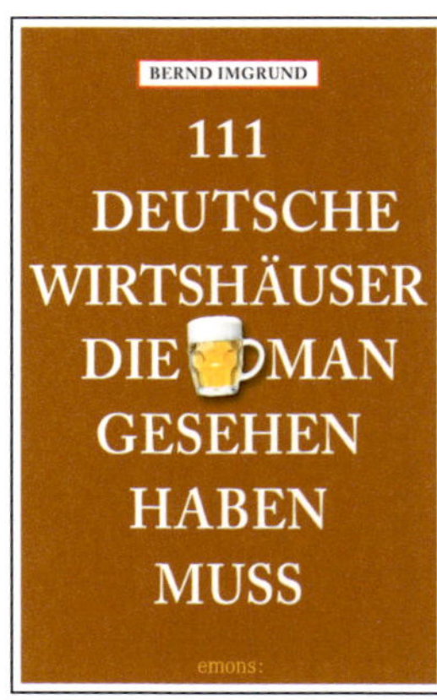

Bernd Imgrund
111 Deutsche Wirtshäuser, die man gesehen haben muss
ISBN 978-3-95451-080-1

Martin Droschke, Norbert Krines
111 deutsche Craft Biere, die man getrunken haben muss
ISBN 978-3-7408-0338-4

Luisanna Messeri
111 Rezepte aus Italien, die man gekocht haben muss
ISBN 978-3-95451-863-0

Bernd Imgrund
111 Whiskys, die man getrunken haben muss
ISBN 978-3-7408-1838-8

Jens Dreisbach
111 Cocktails, die man getrunken haben muss
ISBN 978-3-7408-1632-2

Marisa Becker, Peter Becker
111 ungenutzte Pflanzen, die man gegessen haben muss
ISBN 978-3-7408-1200-3

Klaudia Blasl
111 tödliche Pflanzen, die man kennen muss
ISBN 978-3-7408-1780-0

Patricia Szilagyi
111 extreme Orte in Europa, die man gesehen haben muss
ISBN 978-3-7408-0863-1

Anjana Gill
111 Impulse für ein glückliches Leben
ISBN 978-3-7408-1747-3

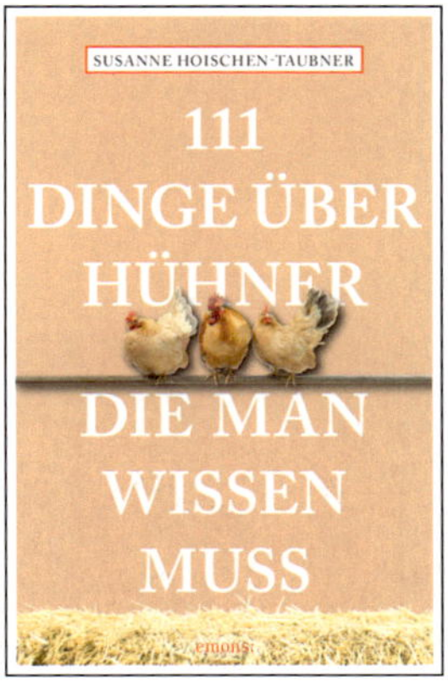

Susanne Hoischen-Taubner
111 Dinge über Hühner,
die man wissen muss
ISBN 978-3-7408-1977-4

Franziska Weyer,
Nicole Lützenkirchen
111 Dinge über Hunde,
die man wissen muss
ISBN 978-3-7408-1711-4

Annett Klingner, Pascal Klunder,
Katja Erdmann
111 Dinge über Katzen,
die man wissen muss
ISBN 978-3-7408-1204-1

Franziska Weyer,
Katrin Obst
111 Dinge über Pferde,
die man wissen muss
ISBN 978-3-7408-1864-7

Gisela Hopfmüller promovierte in Kunstgeschichte, war 26 Jahre lang beim ORF tätig, als Redakteurin und Reporterin, Ressort- und Abteilungsleiterin für Politik und Wissenschaft sowie als Moderatorin.

Franz Hlavac, promoviert in Geschichte, war 36 Jahre lang beim ORF tätig, als Redakteur und Reporter, Ressort- und Abteilungsleiter für Politik und Wirtschaft sowie als Moderator. Seit 2010 sind Gisela Hopfmüller und Franz Hlavac (verheiratet seit 1997) als freie Journalisten und Buchautoren tätig. Seit 2002 haben sie einen zweiten Wohnsitz in Friaul-Julisch Venetien und sind ausgewiesene Experten für die italienische Region, zu der sie zahlreiche Bücher veröffentlicht haben.